新制造·工厂运作
实战指南丛书

实战
图解版

现场管理实战指南

涂高发　主编

化学工业出版社
·北京·

内容简介

本书由点到面、由宏观到微观地阐述了现场管理。全书由三大部分组成：现场管理基础工作篇包括现场管理概述、现场可视化管理、制造现场安灯系统、MES 制造执行系统；现场管理的QCDS控制篇包括Q——现场Quality（质量）管理、C——现场Cost（成本）控制、D——现场Delivey（交货期）管理、S——现场Safety（安全）管理；现场4M1E的控制篇包括1M——现场Man（人员）管理、2M——现场Machine（设备工装）管理、3M——现场Material（物料）的管理、4M——现场Method（工艺）的管理、1E——现场Environment（环境）管理。

本书内容全面、深入浅出、易于理解，尤其注重实际操作，对所涉现场管理活动的操作要求、步骤、方法、注意事项做了详细的介绍，并提供了大量在实际工作中已被证明行之有效的范本，读者可以将其复制下来，略做修改，为己所用，以节省时间和精力。

图书在版编目（CIP）数据

现场管理实战指南：实战图解版/涂高发主编. —北京：化学工业出版社，2021.9

（新制造·工厂运作实战指南丛书）

ISBN 978-7-122-39466-8

Ⅰ.①现… Ⅱ.①涂… Ⅲ.①企业管理-生产管理-指南 Ⅳ.①F273-62

中国版本图书馆CIP数据核字（2021）第130708号

责任编辑：辛　田　　　　　　　　　　　　文字编辑：冯国庆
责任校对：宋　玮　　　　　　　　　　　　装帧设计：尹琳琳

出版发行：化学工业出版社（北京市东城区青年湖南街13号　邮政编码100011）
印　　装：三河市延风印装有限公司
710mm×1000mm　1/16　印张15½　字数299千字　2021年9月北京第1版第1次印刷

购书咨询：010-64518888　　　　　　　　售后服务：010-64518899
网　　址：http://www.cip.com.cn

凡购买本书，如有缺损质量问题，本社销售中心负责调换。

定　价：68.00元　　　　　　　　　　　　　　　　　　版权所有　违者必究

制造业为立国之本、强国之基，推动制造业高质量发展，应成为推动数字经济与实体经济融合发展的主攻方向和关键突破口。要将制造业作为发展数字经济的主战场，推动数字技术在制造业生产、研发、设计、制造、管理等领域的深化应用，加快重点制造领域数字化、智能化，推动"中国制造"向"中国智造"和"中国创造"转型。

制造业是实体经济的主体，新制造则是强化实体经济主体的催化剂。新制造指的是通过物联网技术采集数据并通过人工智能算法处理数据的智能化制造，通过形成高度灵活、个性化、网络化的生产链条以实现传统制造业的产业升级。

相比传统制造业，新制造能够更合理地分配闲置生产资源，提高生产效率，能够更准确地把握用户特性与偏好，以便满足不同客户的需求，扩大盈利规模。传统制造业的多个环节都可以进行智能升级，比如工业机器人可以被应用于制造业生产环节，辅助完成复杂工作；智能仓储、智慧物流可以高效、低成本地完成仓储和运输环节。

在新制造下，在数字化车间，生产链条的各个环节进行积极的交互、协作、感染与赋能，提高生产效率；在智能化生产线上，身穿制服的工人与机器人并肩工作，形成了人机协同的共生生态；而通过3D打印这一颠覆性技术，零部件可以按个性化定制的形状打印出来……

新制造，能够借助大数据与算法成功实现供给与消费的精准对接，从而实现定制化制造与柔性生产。通过大数据和云计算分析，可以把线上消费端数据和线下生产端数据打通，运用消费端的大数据逆向优化生产端的产品制造，为制造业转型升级提供新路径。

基于此，我们组织编写了"新制造·工厂运作实战指南丛书"，具体包括：《生产计划与作业控制指南（实战图解版）》《生产成本控制实战指南（实战图解版）》《生产设备全员维护指南（实战图解版）》《现场管理实战指南（实战图解版）》《班组管理实战指南（实战图解版）》《5S运作与改善活动指南（实战图解版）》《品质管理与QCC活动指南（实战图解版）》《采购与供应链实战指南（实战图解版）》《仓储管理实战指南（实战图解版）》。

"新制造·工厂运作实战指南丛书"由涂高发主持编写，知名顾问老师开鑫、龚和平、赵乐、李世华共同完成。其中，《现场管理实战指南（实战图解版）》一书由涂高发主编。

《现场管理实战指南（实战图解版）》一书分三篇：第一篇为现场管理基础工作，包括现场管理概述、现场可视化管理、制造现场安灯系统、MES制造执行系统四章内容；第二篇为现场管理的QCDS控制，包括Q——现场Quality（质量）管理、C——现场Cost（成本）控制、D——现场Delivey（交货期）管理、S——现场Safety（安全）管理四章内容；第三篇为现场4M1E的控制，包括1M——现场Man（人员）管理、2M——现场Machine（设备工装）管理、3M——现场Material（物料）的管理、4M——现场Method（工艺）的管理、1E——现场Environment（环境）管理五章内容。

本书的特点是内容全面、深入浅出、易于理解，注重实际操作，对现场管理的操作要求、步骤、方法、注意事项做了详细的介绍，并提供了大量在实际工作中已被证明行之有效的范本，读者可以根据范本内容，略做修改，为己所用，以节省时间和精力。

由于编者水平有限，书中难免会有疏漏之处，敬请读者批评指正。

编者

第一篇　现场管理基础工作

　　现场管理是一个企业的企业形象、管理水平、产品质量控制和精神面貌的综合反映，是衡量企业综合素质及管理水平高低的重要标志。现场管理是指用科学的管理制度、标准和方法对生产现场各生产要素，进行合理有效的计划、组织、协调、控制和检测，使其处于良好的结合状态，达到优质、高效、低耗、均衡、安全、文明生产的目的。企业要达成这一目的，必须要打好基础工作，包括现场可视化管理、安灯系统的配置及MES制造执行系统的建设。

第一章　现场管理概述 …………………………………………… 002
　　一、现场管理的任务 ……………………………………………003
　　二、现场管理的内容 ……………………………………………004
　　三、现场管理的八大要素 ………………………………………005
　　四、现场管理的基本观念 ………………………………………006
　　五、现场管理的基本法则 ………………………………………007

第二章　现场可视化管理 ………………………………………… 009
　　一、生产现场可视化管理认知 …………………………………010
　　二、生产现场可视化管理作用 …………………………………013
　　三、生产现场可视化管理内容 …………………………………015
　　四、可视化管理的方法 …………………………………………018
　　　　他山之石　工厂色彩管理规定 ……………………………021

第三章 制造现场安灯系统 041

- 一、安灯系统实施的必要性 042
- 二、安灯系统的功能与操作流程 044
- 三、安灯系统的类别 045
- 四、安灯系统的基本工作流程 049
  - 他山之石 某企业安灯系统操作流程 050
- 五、安灯系统的选择 052

第四章 MES制造执行系统 055

- 一、MES制造执行系统的目标 056
- 二、实施MES制造执行系统的益处 057
- 三、MES制造执行系统的功能 058
- 四、MES制造执行系统需要的主要数据 059
- 五、MES制造执行系统选型与实施 060

第二篇 现场管理的QCDS控制

现场管理的QCDS包括Q（Quality，质量）、C（Cost，成本）、D（Delivery，交付期）、S（Safety，安全），即要求生产现场以优异的质量、最低的成本、最快的速度向用户提供最好的产品，同时要确保生产过程中人、财、物的安全。

第五章 Q——现场Quality（质量）管理 066

- 一、提高全员的品质意识 067
- 二、将质量与生产人员的绩效挂钩 069
  - 他山之石 现场质量奖惩标准 069
- 三、严格执行"三不原则" 071
- 四、首件一定要检验 074
- 五、换线质量控制 078
- 六、样品管理需做好 079
- 七、把握好现场变化点 081
- 八、把后道工序当客户 084

九、现场不良品控制 084

第六章　C——现场 Cost（成本）控制 087

　　一、现场成本控制的内容 088
　　二、现场成本信息的反馈 088
　　三、现场材料消耗的控制 089
　　　　他山之石　消耗品以旧换新制度 090
　　　　他山之石　公司修旧利废管理办法 092
　　四、现场水电气等能源的降低 093
　　五、严格控制加班费 095

第七章　D——现场 Delivey（交货期）管理 097

　　一、制订生产计划 098
　　二、协调好生产计划 101
　　三、紧急订单处理 102
　　四、计划延误的补救 103
　　五、处理生产异常 104
　　六、控制生产进度 106
　　七、缩短交货期 108
　　八、处理好交货期变更 109
　　九、交货期延误的补救 110

第八章　S——现场 Safety（安全）管理 111

　　一、将安全责任落实到位 112
　　　　他山之石（1）　车间主任安全生产目标责任书 112
　　　　他山之石（2）　员工安全生产目标责任书 114
　　二、做好安全监督 115
　　三、开展安全教育 121
　　四、做好安全识别 123
　　五、配备服装、劳保用品 129
　　　　他山之石　劳保用品发放和使用管理规定 131

六、确保机械设备的安全 136

七、确保消防安全 137

八、配备急救药箱 146

九、定期实施安全检查 146

十、制定安全应急预案 150

  他山之石 安全生产事故应急预案 153

十一、安全事故的处理 155

第三篇 现场4M1E的控制

  为了实现现场管理目标，现场管理者应该用科学的管理制度、标准和方法有效地控制各生产要素——4M1E。4M1E是指Man（人，包括工人和管理人员）、Machine（机，包括设备、工具、工位器具）、Material（料，指原物料和辅料）、Method（法，指加工、检测方法）、Environments（环境），也就是人们常说的人、机、料、法、环现场管理五大要素。

第九章 1M——现场 Man（人员）管理 162

一、员工的配备 163

二、增员管理 165

三、现场工作规则的宣导与维持 166

四、员工的 OJT 训练 169

五、新员工的培训 171

六、多能工的培养 172

七、员工出勤管理 175

八、做好岗位交接 177

九、夜班人员的安排与管理 179

十、创造良好人际氛围 181

十一、生产员工的绩效考核 184

第十章 2M——现场 Machine（设备工装）管理 187

一、盘点生产现场的设备 188

  他山之石 某工厂生产现场设备统计表 188

二、设备操作的管理 ... 189

　　三、做好设备的维护保养 ... 192

　　四、做好设备的润滑管理 ... 194

　　五、对设备运行动态监督 ... 195

　　六、减少设备磨损 ... 197

　　七、做好设备的精度校正 ... 199

　　八、工装的现场管理 ... 201

第十一章　3M——现场 Material（物料）的管理 ... 206

　　一、生产物料的类型 ... 207

　　二、物料的领用 ... 207

　　三、物料在现场的放置 ... 209

　　四、生产现场中不良物料的处理 ... 210

　　五、物料不用时的管理 ... 211

　　六、产品扫尾时物料的处理 ... 214

　　七、生产中剩余物料的处理 ... 215

　　八、生产辅料控制 ... 216

第十二章　4M——现场 Method（工艺）的管理 ... 220

　　一、配备正确的工艺和技术文件 ... 221

　　二、进行工序质量控制 ... 223

　　三、认真贯彻操作规程 ... 225

　　四、加强工艺纪律管理 ... 225

第十三章　1E——现场 Environment（环境）管理 ... 229

　　一、确保舒适的温度、湿度 ... 230

　　二、改善工作地面 ... 233

　　三、适当改进照明条件 ... 234

　　四、巧妙地运用色彩 ... 234

　　五、员工工位要保证符合人机工程学 ... 235

　　六、开展 5S 活动打造靓丽的环境 ... 236

第一篇

现场管理基础工作

　　现场管理是一个企业的企业形象、管理水平、产品质量控制和精神面貌的综合反映，是衡量企业综合素质及管理水平高低的重要标志。现场管理是指用科学的管理制度、标准和方法对生产现场各生产要素，进行合理有效的计划、组织、协调、控制和检测，使其处于良好的结合状态，达到优质、高效、低耗、均衡、安全、文明生产的目的。企业要达成这一目的，必须要打好基础工作，包括现场可视化管理、安灯系统的配置及MES制造执行系统的建设。

　　本篇主要由以下章节组成。

➪ 现场管理概述

➪ 现场可视化管理

➪ 制造现场安灯系统

➪ MES制造执行系统

第一章 现场管理概述

导 读

　　现场管理是指用科学的标准和方法对生产现场各生产要素进行管理。现场管理是生产第一线的综合管理,是生产管理的重要内容,也是生产系统合理布置的补充和深入。企业要做好生产现场的管理,首先应了解现场管理的任务、内容、要素、基本观念、基本法则。

学习目标

1. 了解现场管理的任务、现场管理的内容、现场管理的八大要素。
2. 掌握现场管理的基本观念、现场管理的基本法则。

学习指引

序号	学习内容	时间安排	期望目标	未达目标的改善
1	现场管理的任务			
2	现场管理的内容			
3	现场管理的八大要素			
4	现场管理的基本观念			
5	现场管理的基本法则			

一、现场管理的任务

现场管理就是运用科学的管理方法,对现场的各种生产要素,如人(操作者和管理者)、机(机器及设备)、料(原材料和零部件)、法(管理方法)、环(环境)、测(工艺和测量)、安(安全管理)、期(交货期)等,进行合理配置和优化组合,以保证现场按预定的目标,实现高效、低能耗、安全、文明的生产作业。

生产现场任务如图1-1所示。

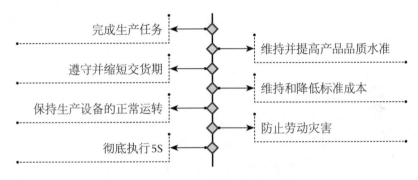

图1-1　生产现场任务

(一)完成生产任务

不管是预定式生产还是接单式生产,作为生产现场都有责任完成每日的生产任务。完不成生产任务也就完不成营销计划,对企业来说就不能产生利润,这种状态如果继续下去企业也就不存在了。所以在生产过程中不能一遇到不良的情况,就说成是经营者或其他部门的原因,而必须自己承担责任去解决问题,从而完成生产任务。

(二)维持并提高产品品质水准

生产现场负有防止不良品的发生、生产出符合规格或规格书所定的产品的责任。

作为生产现场,一方面要生产符合规格的产品;另一方面要在不提高成本的基础上设法提高品质。

(三)遵守并缩短交货期

遵守和顾客约定的交货期的责任主要在生产现场。但是如果发生诸如生产现场使用的材料和物品送来迟、工程中途发生不良反应、生产设备出现故障、劳动灾害发生、多数人缺勤等意外的情况,在生产现场的管理者也有尽一切力量遵守交货期的责任。另外,还要想法缩短工程的时间(制作产品的时间),从而达到缩短交货期的目的。

（四）维持和降低标准成本

生产现场有责任维持和降低产品制造的标准成本，不仅维持标准成本，还要谋求降低成本，在市场竞争上取得价格上的有利地位。

（五）保持生产设备的正常运转

正确使用生产现场的机械设备，定期进行规定内容的点检、保养工作。在异常发生时，修复设备也是生产现场的工作内容之一。只有这样，才能完成计划预定的生产数量。

（六）防止劳动灾害

生产现场有防止劳动灾害发生的责任。有责任排除不安全因素并且排除不安全的操作行为。

（七）彻底执行5S

5S管理在提高生产现场的生产效率、防止劳动灾害发生方面起着重要作用，所以每天都要下力气去执行5S，以保障生产的正常进行。

二、现场管理的内容

现场管理的具体内容如下。

（一）建立良好的工作环境

为现场的作业人员创造一个良好的作业环境是现场管理者的首要工作，也是生产作业过程中不可缺少的前提条件。创建良好的工作环境，就是将生产中的人员、物资和设备等协调到最佳的状态。

1.人员

对于承担作业任务的员工来说，良好的工作环境对生产有很大的影响，即使是身体不适这样的小问题也可能会造成不良的后果。另外，现场的温度、湿度、照明以及其他一些环境因素的好坏也会引起员工在作业时的情绪变化。所以，人员因素是现场管理的重点。

2.物资

作为生产所必需的零部件、原材料等物资，必须随时满足作业需要。如果物资无法及时供应，就会发生停工待料的现象，所以在作业的现场要有适当的物资储备。

3. 设备

设备是企业顺利生产的重要因素，要保证设备正常运转，现场管理者应与设备维护部门协调一致，对设备经常进行保养和维护，有异常就要立即排除，确保设备的完好。

（二）解决现场问题

在生产现场常常会出现各种各样的问题，比如生产设备出现了故障，上下级之间的沟通出现了障碍，新员工缺乏培养，老员工的积极性不高等。面对这些五花八门、层出不穷的问题，作为现场管理者必须了解，哪些问题需要立即解决，哪些问题可以暂缓解决。这就需要对问题进行全面的分析，根据问题的轻重缓急来进行安排。

（三）消除不利因素

现场管理最基本的活动是为了完成生产任务，设置各个时间段应完成的节点并推进作业的开展。这一过程实际上就是消除各种各样不利因素的过程。抓住妨碍正常生产活动进程的异常原因并采取对策，是现场管理者的重要任务之一。

异常就是出现与预定的生产活动发生变化的现象，一般来说，异常有以下几种情况。

① 操作者精神状况差，如身体不适，或遇到不愉快的事情。
② 材料供应不及时，或用相关材料替代。
③ 作业环境不能满足工艺要求。
④ 工艺方法发生改变。

现场的活动如果按预定的计划顺利进行，产品的品质、成本和供货期等方面都能按计划完成，这是生产的最佳状态，但通常现实中是无法达到的。因为生产现场经常会发生各种变化，现场管理者及其员工几乎所有的时间都是在应对现场所发生的异常情况，比如员工旷工、设备突然发生故障、出现不良品等。

（四）建立合理的组织机构

现场管理者应掌握每一位员工的特点，掌握他在现场组织中的工作情况和作用。现场管理的目标是为完成当前和将来的生产任务，所以必须建立起合理有效的现场管理组织机构，发挥现场所有员工的智慧和力量，向着共同的奋斗目标而努力。

三、现场管理的八大要素

目标能被直接控制，管理要素才能被直接控制。为了实现现场管理目标，现场管理者应该有效地管理好八大要素，具体说明如表1-1所示。

表1-1 现场管理要素

序号	要素	具体说明
1	人员	人员是生产系统中最重要、最活跃的因素，要实施人性化管理，确保每个人都能按要求开展工作、完成任务
2	设备	设备是生产的重要条件，做好设备维护保养，给设备配备合适的工作条件，同时科学操作、使用设备，防止设备劣化，使设备发挥最大工作效率
3	物料	物料是产品的构成元素，确保物料、零部件的质量才能保证产品的质量。要善于把握物料特性及变化点，做好应变管理
4	方法	根据现场特点，运用各种先进的管理技术方法提高现场效率
5	环境	生产环境对人和设备的影响都非常大，广泛深入开展现场5S活动，并不断进行现场改善，创造整洁、明朗、有序的生产环境
6	测量	做好现场的品质管理，保证产品符合质量要求
7	交货期	制订合理的生产计划，掌握生产作业进度，保证交货期
8	安全	通过安全教育、检查等打造零事故的现场

四、现场管理的基本观念

生产现场是企业的基础，人、机、料、法、环、测、期、安是企业为生产现场配备的必要资源，也是有限的资源。在实际的生产现场管理中还应建立以下基本的观念，如图1-2所示。

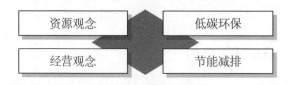

图1-2 现场管理四大观念

（一）资源观念

现场管理者要将周围的环境当作资源来看待。只有把周围的环境都当作可以利用的资源来看待，才能改变对它们的态度，调整对它们的方法，想办法调动它们的积极性，使它们为实现生产现场目标服务。

（二）经营观念

生产现场具备经营实体所必备的基本要素，生产现场相当于一个经营实体，管理一个部门就是经营一个部门。现场主管应充分发挥个人主观能动性和集体智慧，使企业配置到生产现场的资源创造最大效益。在实施具体业务的同时，要重视包含在过程中的方法和能力问题，建立资源运用和部门经营的观念，站在更高的角度，以更广阔的视野来看待现场管理。

（三）低碳环保

通常而言，大多数制造型企业的生产都需要消耗大量的能量如煤炭、水、电等，由于不科学的生产及排放，产生了大量温室气体和废弃物。在现场管理中，必须尽量降低碳尤其是二氧化碳的排放量，减缓生态恶化，符合环保的要求。这就要求现场管理者要注重生产技术的革新，要尽量使用清洁能源如太阳能，淘汰高能耗的生产设备。

（四）节能减排

实施节能生产，主要可以从以下两方面进行控制。

① 使用新技术，减少能源消耗量，生产出与原来同样数量、同样质量的产品。

② 通过改进各种生产工艺，以同样数量的能源消耗量，生产出数量更多、质量更好的产品。

五、现场管理的基本法则

在生产现场，当一个问题发生时，首先，必须依照现场现物的原则，详细观察问题；其次，必须找出问题的原因；最后，在确定解决问题的方式有效之后，必须将新的工作程序予以标准化。因此，生产现场管理的基本法则具体如下。

（一）当问题发生时，要先去现场

对于现场管理者而言，其所有工作都是围绕现场进行的。当问题发生时，第一件要做的事就是去现场，因为现场是所有信息的来源。现场管理者必须能够随时掌握现场第一手的情况，并将它当作例行事务。问题发生后，现场管理者应当立即到现场去，观察事情的进展，并及时处理或向上级报告。

（二）检查现物

在现场详细检视后，应多问几个"为什么"，并尽量寻找解决问题的方法。有经验的现场管理者应当能够确认出问题产生的原因,而不用各种复杂的仪器去检测。例如,对于刚产出的一个不合格的产品,可将其握在手中,去接触、感觉并仔细地调查,然后再去看看生产的方式和设备,便可确定出产生问题的原因。

(三)当场采取暂行处理措施

认定了问题产生的原因,现场管理者可以当场采取改善措施。如工具损坏了,可先去领用新的工具或使用替代工具,以保证作业的继续进行。

但是,暂时的处置措施,仅是排除了问题的现象,并没有找到工具被损坏的真正原因,这就要求现场管理者必须去核查实物。

(四)发掘问题的真正原因并将它排除

如果现场管理者善于当场审查问题,90%的现场问题都能立即被解决。发掘现场原因的最有效方法之一,就是持续地问"为什么",直到找到问题的原因为止。当然,对于复杂的问题,光靠问"为什么"不一定能彻底解决,还要追根溯源,找到问题产生最根本的原因。

(五)标准化处理,以防止问题再次发生

现场管理者现场管理的任务就是实现企业生产的QCD(Quality——质量,Cost——成本,Delivery——交货期)。不过,在现场里每天都会发生各式各样的异常现象,有不合格品、机器故障、生产未达标及员工迟到等。不管什么时候,问题发生了,现场管理者就必须去解决。为防止问题不再因同样的理由而发生,改善后的新的作业程序就必须予以标准化,接着就要开始"标准化→执行→核查→处置"的循环。否则,现场管理者就会像消防员一样,到处忙于"灭火",疲于奔命。因此,现场管理的第五项法则,也是最后一项就是"标准化"。

第二章

现场可视化管理

导 读

　　可视化管理以企业内一切看得见摸得着的物品为对象，进行统一管理，使现场规范化、标准化。通过形象直观、色彩适宜的各种视觉感知信息来组织现场范围内的各项管理活动，并运用定位、画线、挂标示牌等可视化技巧及方法来实现管理的可视化，使员工能及时发现问题，达到提高劳动生产率和产品质量的目的。

学习目标

　　1.了解可视化管理的含义、可视化管理的特征、可视化管理的起源，掌握可视化管理水平划分。
　　2.了解生产现场可视化管理作用及具体内容。
　　3.掌握生产现场可视管理的各种方法：颜色管理、看板管理、标识管理。

学习指引

序号	学习内容	时间安排	期望目标	未达目标的改善
1	生产现场可视化管理认知			
2	生产现场可视化管理作用			
3	生产现场可视化管理内容			
4	可视化管理的方法			

一、生产现场可视化管理认知

（一）可视化管理的含义

可视化管理是利用形象直观、色彩适宜的各种视觉信息和感知信息来组织现场生产活动，达到提高劳动生产率的一种管理方式。可视化管理是能看得见的管理，可以让现场人员一眼就能看出工作的进展状况是否正常，并迅速地做出判断和决策。通过可视化管理，员工很容易就能分辨出来上限与下限之间的区域是否处于正常状态。

通俗地说，可视化管理就是通过视觉感应引起人的意识变化的一种管理方法。可视化管理示意如图2-1所示。

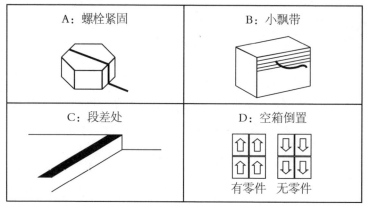

图2-1　可视化管理示意

（二）可视化管理的特征

可视化管理的特征，具体如图2-2所示。

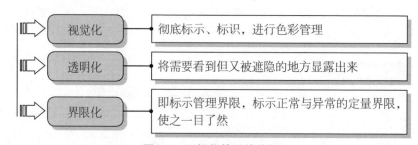

图2-2　可视化管理的特征

（三）可视化管理的起源

提及可视化管理，就不能不提到日本丰田汽车公司的准时生产方式（JIT）。随着市场需求的改变，原有的少品种、大批量的生产方式已变得越来越不适应市场需求，企业面临着向多品种、小批量的生产方式转变的事实，提高生产效率和生产灵活性，减少浪费成为必然趋势，可视化管理应运而生。

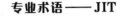

专业术语——JIT

准时生产方式JIT（Just in Time），又称作无库存生产方式（Stockless Production）、零库存（Zero Inventories）、一个流（One-piece Flow）或者超级市场生产方式（Supermarket Production），是日本丰田汽车公司在20世纪60年代首先实行的一种生产方式。1973年以后，这种方式对丰田公司渡过第一次能源危机起到了突出的作用，后来引起其他国家生产企业的重视，并逐渐在欧洲和美国的日资企业及当地企业中推行开来，现在这一方式与源自日本的其他生产、流通方式一起被西方企业称为"日本化模式"。

丰田汽车公司准时生产方式的出现就是为了适应这种需求。1995年，丰田公司董事长在美国参观大型超级市场时，他看到顾客一边推着购物车，一边将自己需要的东西按需要的数量放进购物车。因此，他将这一现象移植到当时的生产线上，即超级市场相当于前工程，顾客相当于后工程，后工程在必要时，到前工程购进必要数量的产品，而前工程立刻对后工程需要的数量加以补充。

经过数十年的不懈努力，丰田公司创造了独具特色的准时生产方式，代替过去的大量生产，而促使丰田公司准时生产方式取得成功的核心即看板管理，看板管理就是可视化管理充分运用的结果。

因为汽车、家用电器等产品一般采用较长的生产线，如果生产线上发生一次加工或零件不良，马上就会产生许多不良产品。为了迅速区别产品品质状态的好坏，以及识别生产有无延期，企业就必须制定出用目视能判断现状是否良好的方法，即使没有专业知识的现场人员，也很容易根据异常情况判断出是与否或者好与坏，这就是现在工厂普遍采用的可视化管理。

（四）可视化管理水平划分

对于可视化管理的水平划分标准，目前还不尽统一。有的将其分为三种水平，有的将其分为四种水平。在此，分别予以简单的介绍。

1. 划分为三种的可视化管理水平

三种可视化管理水平包括初级水平——能明白现在状态；中级水平——谁都能判断正常与否；高级水平——管理方法（异常处置）也都明确。在此，以图示的形式来说明这三种水平，具体如表2-1所示。

表2-1 三种可视化管理水平

水准	目视管理内容	参考例（液体数量管理，单位：毫升）
I	管理范围及现状明了	通过安装透明管，液体数量一目了然
II	・管理范围及现状明了 ・管理范围及现在的状况一目了然	明确上限、下限、投入范围、管理范围，现在正常与否一目了然
III	・管理范围及现状明了 ・管理范围及现在的状况一目了然 ・异常处置方法明确，异常管理装置化	异常处置方法、点检方法、清扫方法明确，异常管理装置化 原料缸管理标准： 1.清扫方法 2.点检方法 3.异常处理

2.划分为四种的可视化管理水平

四种可视化管理水平包括无水平——根本没有任何表示;初级水平——有表示,能了解状态;中级水平——谁都能判断良否;高级水平——管理方法(异常处理等)都列明。在此,同样以图示的形式来说明这四种水平,具体如图2-3所示。

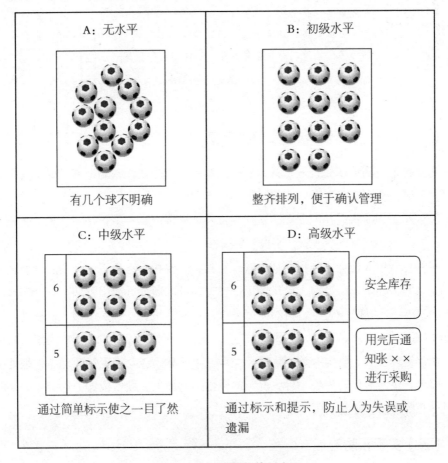

图2-3　四种可视化管理水平

二、生产现场可视化管理作用

(一)准确传递信息

在生产现场,所要管理、传达的事项无非是产量(Production)、品质(Quality)、成本(Cost)、交期(Delivery)、安全(Safety)、士气(Morale)六大活动项目,利用图表显示其目标值、实绩、差异,以及单位耗用量(每批产品或每个产品所消耗的材料费、劳务费)等。

可视化管理依据人们的生理特性，充分利用信号灯、标示牌、符号、颜色等方式发出视觉信号，鲜明准确地刺激神经末梢，快速传递信息。

可视化管理工具要考虑字体大小，使用生动的图画或漫画，并注意底色与字体颜色有强烈对比等。画面如果生动活泼，不但可激发工作人员的兴趣，还可加深印象，使其能看图识意，从而达到一目了然的效果。此外，还要留意底色与字体颜色的搭配。

（二）直观显示异常状态和潜在问题

不管是谁看到可视化管理工具，都能清楚地知道存在异常的地方，促使其尽早采取改善对策，设法使损失降至最低限度。

可视化管理能将潜在问题和浪费现象直观地显现出来。不管是新进员工还是其他部门员工，一看就懂，一看就会明白问题所在。

可视化管理即任何人利用可视化管理工具，只要稍微看一下，就知道是怎么一回事，应该怎么办。现场管理人员在现场巡视时，可以通过可视化管理工具了解同类型机器的速度或不同时段同一台机的速度是否存在异常状况，确实掌握人机稼动、物品的流动情况是否合理、均一。依排程计划生产时，可利用标示、看板、表单、区域线等可视化管理工具，监控有关原物料、配件、半成品、成品等现场的动态，是处于搬运、移动、停滞、保管等哪一种状况，掌握物品的加工、数量位置，达到"必要的物品只在必要时间、必要场所供应"的要求。

（三）实现预防管理

预防管理是未来生产型企业管理的必然趋势，为使预防管理能在生产现场中彻底实现，必须彻底实施生产现场的可视化管理，形成通过视觉能马上发现异常，事先消除各类隐患和浪费的模式。即使平时不太了解生产现场情况的总经理、副总经理等，只要走到现场，看到各种清晰醒目的标示，也会对生产现场的大体情况有所了解。

现场作业员只要稍用眼睛看一下可视化管理工具之后，就能立刻清楚物流的状态。因此，每一位作业员都清楚目前的工作量约有多少、下一步应该做什么工作，能做到自主控制，并采取适当的行动调整目前的工作量，实现预防管理。

因此，通过可视化管理的实施，如果作业员未按区域线的规定放置物品，班长或组长立刻会发现，当场就可对作业员加以指正。

（四）使操作内容易于遵守、执行

为了使物流顺畅以及促进人员、物品的安全，管理者应在地面画三种区域线，亦即为物品放置区的"白线"、安全走道的"黄线"、消防器材或配电盘前面物品禁放区的"红线"，这些标准不管是谁都要遵守，这样无论是管理者还是监督者，都能依物品位置的实况，判定是否存在异常，如果是异常的话，应及时纠正。

作业员如果都能遵守区域线的规定，万一发生事故，就能立刻拿到消防器材或切断电源开关，而不会延误抢救时机。如此一来，物品既可放得井然有序，又可确保人员、物品安全。

除此之外，可视化管理使要做的理由（Why）、工作内容（What）、担当者（Who）、时间限制（When）、工作场所（Where）、程度把握（How much）、具体方法（How）的5W2H内容一目了然，能够促进大家协调配合、公平竞争，还有利于统一认识，提升士气。

（五）促进企业文化的形成和建立

可视化管理通过对员工的合理化建议进行展示，对优秀事迹和先进人物进行表彰，对企业宗旨方向、远景规划等积极向上的内容进行公开等形式，使全员形成较强的凝聚力和向心力，建立优秀的企业文化。

三、生产现场可视化管理内容

（一）规章制度与工作标准公开化

① 凡是与现场人员密切相关的规章制度、标准、定额等，都需要公之于众。

② 与岗位人员直接有关的，应分别展示在岗位上，如岗位责任制、操作程序图、工艺卡片等，并要始终保持完整、正确和洁净。

（二）生产任务与完成情况图表化

现场是进行生产劳动的场所，因此，凡是需要协作完成的任务都应公之于众，尤其是以下两点。

① 计划指标要定期层层分解，落实到车间、班组和个人，并列表张贴在墙上。

② 实际完成情况也要相应地按期公布，并用图表化的方法展示出来，使大家看出各项计划指标完成中出现的问题和发展的趋势，以促使集体和个人都能按质、按量、按时地完成各自的任务。

（三）与定置管理相结合，实现视觉信息显示标准化

在定置管理中，为了保证物品不被混放和误置，必须有完善而准确的信息显示，包括标志线、标志牌和标志色。

因此，可视化管理在这里便与定置管理融为一体，按定置管理的要求，采用清晰的、标准化的信息显示符号，使各种区域、通道及各种辅助工具如料架、工具箱、工位器具、生活柜等都用上标准颜色。

（四）生产作业控制手段形象直观与使用方便化

为有效地进行生产作业控制，让每个生产环节、每道工序都能严格地按照期量标准进行生产，杜绝过量生产、过量储备，企业应采用与生产现场工作状况相适应的、简便实用的信息传导信号，以便在后工序发生故障或由于其他原因停止生产，不需要前工序供应在制品时，前工序操作人员看到信号，就能及时停止投入。而看板则是一种很好的起到这种作用的信息传导手段。

各生产环节及工种之间的联络，也要设立方便实用的信息传导信号，以尽量减少工时损失，提高生产的连续性。例如：可在机器设备上安装红灯，在流水线上配置工位故障显示屏，一旦发生停机，即可发出信号，巡回检修人员看到后就会及时前来修理。

生产作业控制除了数量控制外，还要有质量和成本控制，这也要实行可视化管理。例如：在各质量管理点（控制）要有质量控制图，以便清楚地显示质量波动情况，及时发现异常，及时处理。现场管理者也可利用板报形式，将"不良品统计日报"公布于众。将当天出现的废品陈列在展示台上，由有关人员会诊分析，确定改进措施，防止产品废品状况再度发生。

（五）物品码放和运送数量标准化

在物品码放和运送数量实行标准化方面，可视化管理也可以充分发挥长处。例如：各种物品实行"五五码放"，各类工位器具，包括箱、盒、盘、小车等，均应按规定的标准数量盛装，这样，操作、搬运和检验人员点数时既方便又准确。

（六）实行挂牌制度与现场人员着装统一化

1.挂牌制度

挂牌制度包括单位挂牌和个人佩戴标志，具体如图2-4所示。

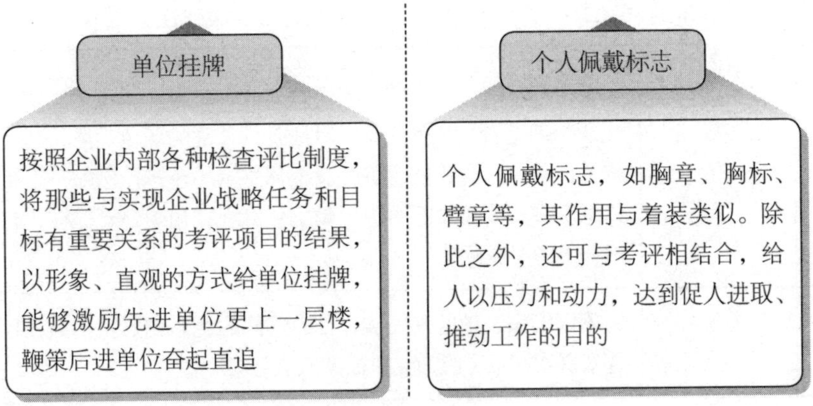

单位挂牌

按照企业内部各种检查评比制度，将那些与实现企业战略任务和目标有重要关系的考评项目的结果，以形象、直观的方式给单位挂牌，能够激励先进单位更上一层楼，鞭策后进单位奋起直追

个人佩戴标志

个人佩戴标志，如胸章、胸标、臂章等，其作用与着装类似。除此之外，还可与考评相结合，给人以压力和动力，达到促人进取、推动工作的目的

图2-4　挂牌制度

2.着装统一化

现场人员的着装不仅起到劳动保护作用，在机器生产条件下，也是正规化、标准化的内容之一。

它可以体现员工队伍的优良素养；显示企业内部不同单位、工种和职务之间的区别；同时还具有一定的心理作用，使人产生归属感、荣誉感、责任心等正面意识；对于组织和指挥生产，也可创造一定的方便条件。

（七）色彩管理标准化

色彩是现场管理中常用的一种视觉信号，可视化管理要求科学、合理、巧妙地运用色彩，并实现统一的标准化管理，不允许随意涂抹。这是因为色彩管理的运用受多种因素制约，具体如表2-2所示。

表2-2　影响色彩管理的因素

序号	因素	详细说明
1	技术因素	不同色彩有不同的物理指标，如波长、反射系数等。强光照射的设备，多涂成蓝灰色，是因为其反射系数适度，不会过分刺激眼睛。而危险信号多用红色，这既是传统习惯，也是因其穿透力强，信号鲜明的缘故
2	心理因素	不同色彩会给人以不同的重量感、空间感、冷暖感、软硬感、清洁感等情感效应。例如：低温车间采用红、橙、黄等暖色为基调，使人感觉温暖；而高温车间的涂色则应以浅蓝、蓝绿、白色等冷色为基调，可给人以清爽舒心之感；热处理设备多用属冷色的铅灰色，能起到降低"心理温度"的作用

续表

序号	因素	详细说明
3	生理因素	从生理上看，长时间受一种或几种杂乱的颜色刺激，会产生视觉疲劳，因此，企业就要讲究员工休息室的色彩。例如：冶炼厂员工休息室宜用冷色；而纺织厂员工休息室宜用暖色。这样，有利于消除员工的职业疲劳
4	社会因素	不同国家、地区和民族，都有不同的色彩偏好。例如：我国人民普遍喜欢红色，因为它象征朝气、喜庆

四、可视化管理的方法

生产现场通常使用到的可视化管理工具包括色彩、形迹、标识、可视化管理板等。

（一）颜色管理

1.颜色优劣法

（1）颜色优劣法的基本原则

颜色优劣法的基本原则，即绿色优于蓝色，蓝色优于黄色，黄色优于红色，具体如图2-5所示。

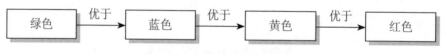

图2-5 颜色优劣法的基本原则

（2）颜色优劣法的具体应用

颜色优劣法的具体应用如表2-3所示。

表2-3 颜色优劣法的具体应用

序号	应用内容	应用要求举例
1	生产管制	依生产进度状况，用不同的颜色来表示 （1）绿灯表示准时交货 （2）蓝灯表示延迟但已挽回 （3）黄灯表示延迟一天以上但未满两天 （4）红灯表示延迟两天以上

续表

序号	应用内容	应用要求举例
2	品质管制	品质水准的高低用颜色区分显示 （1）绿色：合格率95%以上 （2）蓝色：合格率90%～94% （3）黄色：合格率85%～89% （4）红色：合格率85%以下
3	开发管理	依新产品的开发进度与目标进度做比较，个别以不同灯色表示，以提醒研发人员注意工作进度
4	外协厂评估	（1）绿灯表示"优" （2）蓝灯表示"良" （3）黄灯表示"一般" （4）红灯表示"差"
5	生产安全	用颜色表示每日安全状况 （1）绿色：无伤害 （2）蓝色：极微伤 （3）黄色：轻伤 （4）红色：重伤
6	员工绩效管理	依员工的综合效率，以颜色区分显示，促使员工提升士气 （1）绿色：效率在85%以上 （2）蓝色：效率在70%～84%之间 （3）黄色：效率在60%～69%之间 （4）红色：效率在60%以下
7	费用管理	把费用开支和预算标准做比较，用不同的颜色显示其差异程度
8	开会管理	（1）准时与会者为"绿灯" （2）迟到5分钟以内者为"蓝灯" （3）迟到5分钟以上者为"黄灯" （4）无故未到者为"红灯"
9	宿舍管理	每日将宿舍内务整理、卫生状况等情况以不同颜色表示，以确定奖惩

2.颜色层别法

一般而言，只要掌握色彩的惯用性、颜色鲜明性及对应意义明确，在不重复的情况下即能发挥颜色管理的效果，即以颜色区分来方便管理，其具体应用如表2-4所示。

表2-4 颜色层别法的具体应用

序号	应用内容	应用要求举例
1	重要零件的管理	（1）每月进货用不同的颜色标示，如1月、5月、9月进货者用"绿色"；2月、6月、10月者用"蓝色"；3月、7月、11月者用"黄色"；4月、8月、12月者用"红色" （2）根据不同颜色控制先进先出，并可调整安全存量及提醒处理呆滞品
2	油料管理	各种润滑油用不同颜色来区分，以免误用
3	管路管理	各种管路漆上不同颜色，以作区分及搜寻保养。如某工厂管道的颜色区别：有机废水管，刷成蓝色；废酸管，刷成红色；综合废水管，刷成白色；可回用水管，刷成灰色
4	人员管理	不同工种和职位分别戴不同颜色的头巾、帽子、肩章，易于辨认及管制人员的频繁走动：绿色肩章者为作业员、蓝色肩章者为仓管员、黄色肩章者为技术员、红色肩章者为品管员
5	模具管理	按不同的客户分别漆上不同的颜色，以示区别
6	卷宗管理	依不同分类使用不同颜色的卷宗，如准备红、黄、蓝、绿四种不同颜色的文件资料夹 （1）红色代表紧急、重要的文书资料，即要优先、特别谨慎处理的 （2）黄色表示紧急但不那么重要的，即可次优先处理 （3）蓝色代表重要但不紧急的，可稍后处理 （4）绿色代表不紧急、不重要的，可留到最后处理
7	进度管理	对生产进度状况予以颜色区分，如绿色代表进度正常；蓝色代表进度落后；黄色代表待料；红色代表机械故障

3.颜色心理法

依据人类对色彩的注视性、调和性、联想性和偏好性四种特点所营造出来的心理愉悦和独特感觉来管理。颜色心理法的具体应用如表2-5所示。

表2-5 颜色心理法的具体应用

序号	应用内容	应用要求举例
1	人事	利用员工对颜色的偏好以了解其个性
2	营销	利用颜色用于包装及产品以促进销售
3	生产	厂房的地面、墙壁、设备等漆上不同的颜色，以提高工作效率，减少伤害等

工厂色彩管理规定

1. 目的

规范厂房内外部色彩和工厂、设备设施策划行为,营造整齐、有序、统一的公司外部形象。

2. 适用范围

厂房、设备、工装及厂房管道。

3. 责任部门

规划部负责公司主要色彩的规定、更改,并负责监督检查。各项目开发小组及工程部、生产管理部等部门负责按该规定进行策划、实施。

4. 具体内容

4.1 厂房外部颜色

厂房外部颜色

序号	名称	选用色彩			备注
		色彩名称	色标卡	色标编号	
1	金属墙板表面	灰白色		GY09	可见样订货
2	金属墙板表面(强调部分)	铁红色		R01	
3	勒脚墙面	灰卵石色		Y13	
4	钢筋混凝土结构——立柱	纯白色			
	钢筋混凝土结构——天花板	纯白色			
	钢筋混凝土结构——梁	纯白色			
5	钢结构——立柱	灰白色		GY09	
	钢结构——天花板	灰白色		GY09	
	钢结构——梁	灰白色		GY09	
6	门窗框	铁红色		R01	
7	金属板檐口、门窗套	铁红色		R01	

4.2 厂房内部颜色

厂房内部颜色

序号	名称	选用色彩			备注
		色彩名称	色标卡	色标编号	
1	金属墙面内板	灰白色		GY09	
2	墙裙	灰卵石色		Y13	
3	塑钢窗	纯白色			
4	木门	木本色			
5	钢筋混凝土——立柱	纯白色			
	钢筋混凝土——天花板	纯白色			
	钢筋混凝土——梁	纯白色			
6	钢结构——立柱	灰白色		GY09	
	钢结构梁——屋架	灰白色		GY09	
	钢结构——天花板	灰白色		GY09	
7	起重机轨道梁	灰白色		GY09	
8	平台及支撑	灰白色		GY09	
9	钢结构及支撑	灰白色		GY09	
10	平台边缘	藤黄色		Y07	
11	栏杆、踢脚板	藤黄色		Y07	
12	工作位置地面	浅灰色		G10	耐磨地坪颜色应接近
13	通道位置地面	浅灰色		G10	耐磨地坪颜色应接近
	——供选择色	藤黄色		Y07	
14	过道分隔色（宽100毫米）	白色			通道位置地面为藤黄色
	——供选择色	藤黄色		Y07	
15	风道镀锌	本色			
	——供选择色	灰白色		GY09	
16	吹风口	橘黄色		YR04	
17	柱子标记色块	橘黄色		YR04	
	——文字	黑色			

4.3 机器设备颜色

机器设备颜色

序号	名称	选用色彩			设备色标编号（欧洲标准）
		色彩名称	色标卡	色标编号	
1	机器及设备本体	灰白色		GY09	RAL9010
	——强调色	浅蓝色		PB06	RAL5012
2	机械化输送装置及支撑	灰白色		GY09	RAL9002
	——供选择色	浅蓝色		PB06	RAL5012
3	吊具	藤黄色		Y07	RAL1007
4	下部起重、运输装置立柱	灰白色		GY09	RAL9002
	活动部分	橘黄色		YR04	RAL2004
5	天车	藤黄色		Y07	RAL1007
6	机器人电控箱	浅蓝色		PB06	RAL5012
7	护栏框	淡黄色		Y06	RAL1021
8	危险地点	藤黄色/黑色		Y07	RAL1006/RAL9005
9	压缩空气罐	天蓝色		PB05	RAL5015
10	噪声防护	灰白色		GY09	RAL9010
11	压机立柱（床身）	灰白色		GY09	RAL9010
	——滑块强调色	淡黄/黑色		Y06/	RAL1018/RAL9005
12	移动工作台	交通灰色		B03	RAL7042
13	点焊机机体	灰白色		GY09	RAL9010
	——机体强调色	纯黄色		Y06	RAL1018

4.4 工艺装备颜色

工艺装备颜色

序号	名称	选用色彩			备注
		色彩名称	色标卡	色标编号	
1	焊装夹具	铁红色		R01	
	——供选择色	土红			RAL4009
	——强调色	淡黄		Y06	夹紧臂

续表

序号	名称	选用色彩			备注
		色彩名称	色标卡	色标编号	
2	检验工具	铁红色		R01	
	——供选择色	土红			RAL4009
	——强调色	淡黄		Y06	夹紧臂
3	工具箱	天蓝色		PB06	
4	工艺装备标记	红色		R03	
	——供选择色	黑色			
	——供选择色	淡黄		Y06	
	——供选择色	绿色		G02	
5	在线工位器具	灰白色		GY09	

4.5 厂房管道色彩

厂房管道色彩

序号	名称	选用色彩						备注
		底色	色标号	色标卡	色环	色标号	色标卡	
1	管道上标记	黑色						
2	蒸汽管	灰白色	GY09		红色	R03		
3	压缩空气管	天蓝色	PB06					
	——供选择色	本色			天蓝色	PB06		镀锌管
4	压缩空气管	天蓝色	PB06					
	——供选择色	本色			天蓝色	PB06		镀锌管
5	工业生活、消防用水管	蓝色	PB05					
	——供选择色	本色			蓝色	PB05		镀锌管
6	工业用水送水管	绿色	G02					
	——供选择色	本色			绿色	G02		镀锌管
7	工业用水回水管	绿色	G02					
	——供选择色	本色			绿色	G02		镀锌管
8	循环水给水管	绿色	G02					
	——供选择色	本色			绿色	G02		镀锌管

续表

序号	名称	选用色彩					备注
		底色	色标号	色标卡	色环	色标号	色标卡	
9	循环水回水管	绿色	G02				
	——供选择色	本色			绿色	G02	镀锌管
10	保护气体管	黄色	Y06				
	——供选择色	本色			黄色	Y06	镀锌管
11	氧气管	深蓝色	PB04				
12	乙炔管	黄色	Y06		红色	R03	
13	油管	褐色	YR06				
14	乳化液管	灰白色	GY09		褐色	YR06	
15	下水管	黑色					见样订货
16	无毒碱溶液管道	灰白色	GY09		橘黄色	YR04	
17	废酸溶液管道	灰白色	GY09		黑色		三个色环
18	硫酸管道	灰白色	GY09		红色	R03	浓酸一个，母液两个
19	燃气管道	橘黄色	YR04				
20	汽油管道	褐色	YR06		黄色	Y06	

5.色彩应用说明

5.1 色彩选择的一般方案

5.1.1 进口设施、设备色标采用欧洲标准色卡，国产设施、设备采用 GSBG 51001—1994（2000版）色卡。本规定中如果与国家标准有冲突，应以国标规定为准。

5.1.2 待开发新产品的模具、夹检具、工艺装备色标由制造厂家提出方案，规划部进行确认。

5.1.3 在供应商不能满足要求的情况下，供应商提供的色卡应接近本规定中提供的色卡，必要时使用部门和规划部一道确认。未规定部分由使用部门与供应商协商确定。

5.2 厂房柱子标记

字体和色块采用油漆喷涂，色块中线距地面高度3000毫米（遇干涉可在±300毫米内调整）。

5.2.1 混凝土立柱可将标记喷涂在立柱四个侧面,色块宽度同柱宽,高度在350～500毫米之间选择;H型钢结构立柱标记喷涂在H型钢两个正面翼缘,宽度同柱宽,高度在350～500毫米之间选择。色块、字体、立柱大小比例要协调美观。

5.2.2 文字采用标准黑体字,字体高宽比为1:(0.7～1.5),字符宽200～400毫米,中线长250～450毫米。

5.2.3 不同方向的轴线,立柱标记有所不同,A、B、C…轴线立柱标记可用图一表示,1、2、3…轴线立柱标记可用图二表示。

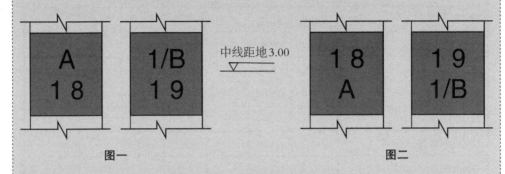

图一　　　　　　　　　　　　　　　图二

5.3 管道色标

管道色标由基本识别色、管道流体名称、介质流向和安全色四部分组成,如下图所示(非镀锌钢管全部涂基本识别色,无须色环)。

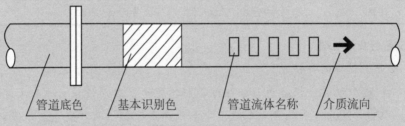

管道颜色及标示图

5.3.1 色环

5.3.1.1 色环宽度:管道外径在150毫米以下,色环宽度为50毫米;管道外径在150～300毫米之间,色环宽度为70毫米;管道外径在300以上,色环宽度为100毫米。

5.3.1.2 色环组:一般采用每组三个色环,色环间距为色环宽度。

5.3.1.3 色环的间距:厂房外侧每隔10米涂上色环组;厂房内侧色环组与组之间的距离为2～5米,视具体情况定。

5.3.2 管道涂漆

5.3.2.1 室内一般架空管道全部按规定颜色涂漆。

5.3.2.2 敷设不通行沟道内的热力管路不涂漆，仅须在检查井的范围内涂漆。

5.3.2.3 敷设通行沟道内的热力管路，可每隔10米涂漆。

5.3.3 管道内流体名称用黑色汉字或管道内流体的分子式表示，如"二氧化碳"或"CO_2"。

5.3.4 管道内流体流向用黑色箭头表示，如果流体是双向流动的则用双向箭头表示。

5.3.5 安全色和安全标志

5.3.5.1 安全标志使用范围：安全标志用于管道内流体为易燃、易爆、剧毒和剧腐蚀性介质，包括煤气、天然气、乙炔气、丙烷、氢气、原油、柴油、汽油、乙醇、硫酸、盐酸等；安全标志还用于消防管道和饮水管道。

5.3.5.2 安全色：红色用于消防管道；黄色与黑色间隔斜条用于危险警告；蓝色用于饮用水。

（1）表示方法。当管道内流体属于安全标志使用范围内的介质时，在两个宽150毫米基本识别色环之间涂一个宽100毫米的安全色环，如下图所示。

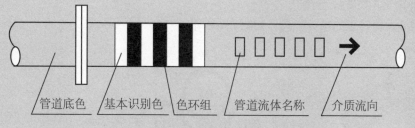

管道颜色及安全标示图

（2）安全色环可直接涂色或用安全色胶带缠绕。

5.3.6 管道色标的位置

管道色标应涂刷在所有管道交叉点、阀门和穿孔两侧等的管道上，以及其他需要识别的部位。

5.3.7 持挂标识牌

5.3.7.1 在管路复杂之处（位置窄、管道多并需要经常操作的地方），如硫酸站、油漆库、热能入口等。

5.3.7.2 标牌如下图所示（矩形：250毫米×100毫米，指向尖角90°），标牌上应注明流体名称，并用标牌的尖端指示流向，如果需要安全色标牌，其底色应为安全色。

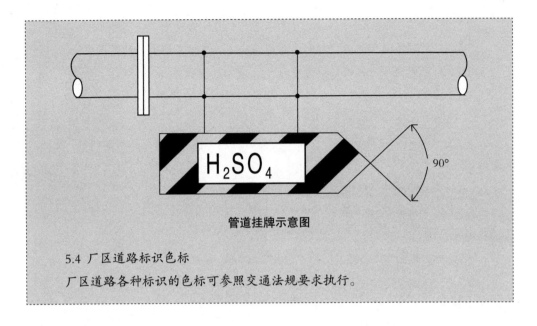

管道挂牌示意图

5.4 厂区道路标识色标

厂区道路各种标识的色标可参照交通法规要求执行。

（二）看板管理

1. 实施看板管理的条件

实施看板管理的条件，具体如图2-6所示。

图2-6 实施看板管理的条件

（1）建立生产流水线

实施看板管理的基本做法是：看板以最后的装配工序为起点，在需要的时候到前一工序按需要的数量领取真正需要的零部件。

而在尚未建立生产流水线的地方是无法采用这种流水线生产管理方法的，因而看板管理应在流水作业的基础上实施。

（2）均衡生产

均衡生产是实施看板管理的基础条件，实施看板管理的各工序，必须满足后工序在需要时到前一道工序领取需要的零部件的要求，因而企业的生产秩序必须稳定，全面实现生产的均衡化。同时，实施看板管理又可以促进生产均衡化。

（3）工序健全合理、工艺装备精确

实施看板管理，为适应各工序必须对后工序提供合格的产品，企业内部的制造工序、检验工序、运输工序必须健全而完善，并有合理的厂区布置，工装精度良好，有必要的工位器具，以消除无效劳动，有稳定可靠的产品质量。

（4）加强现场管理

实施看板管理，必须加强以生产工人为主体的现场管理，使机修、电修、工具、检验、工艺技术等随时服务到现场，以保证第一线生产的正常、连续进行。

（5）完善各项管理制度

实施看板管理涉及企业的方方面面，关系到所有的人员，是一项群众性很强的工作，必须不断完善看板的传递、在制品储备、运输及保证看板管理得以顺利实施的规章制度。

2. 不同管理层次使用的管理看板

不同管理层次使用的管理看板不同，具体如表2-6所示。

表2-6　不同管理层次使用的管理看板

区分	公司管理看板	部门车间管理看板	班组管理看板
责任主管	高层领导	中层管理干部	基层班组长
常用形式	（1）各种ERP系统 （2）大型标语、镜框、匾现况板	标语、现况板、移动看板、图表、电子屏	现况板、移动看板、活动日志、活动板、图表
项目内容	（1）企业愿景或口号 （2）企业经营方针或战略 （3）质量和环境方针 （4）核心目标指标 （5）目标分解体系图 （6）部门竞赛评比 （7）企业名人榜 （8）企业成长历史 （9）员工才艺表演 （10）总经理日程表 （11）生产销售计划	（1）部门车间口号 （2）公司分解目标指标 （3）费用分解体系图 （4）PQCDSM月别指标 （5）改善提案活性化 （6）班组评比 （7）目标考核管理 （8）部门优秀员工 （9）进度管理广告牌 （10）部门生产计划 （11）部门日程表	（1）区域分摊图或清扫责任表 （2）小组活动现况板 （3）设备日常检查表 （4）定期更换板 （5）工艺条件确认表 （6）作业指导书或基准 （7）个人目标考核管理 （8）个人生产计划 （9）物品状况表

3. 不同管理内容的常见看板

管理广告牌是将希望管理的项目（信息）通过各类管理看板揭示出来，使管理状况众人皆知。不同管理内容的常见看板不同，具体如表2-7所示。

表2-7 不同管理内容的常见看板

序号	管理项目	看板	使用目的
1	工序管理	进度管理看板	显示是否遵守计划进程
		工作安排管理看板（作业管理看板）	在各个时间段显示哪台设备由何人操作及工作顺序
		负荷管理看板	一目了然地表示出哪些部分的负荷情况如何
		进货时间管理看板	明确进货时间
2	现货管理	仓库告示看板	按不同品种和放置场所分别表示
		库存显示看板	不同型号、数量的显示
		使用中显示看板	明确区分使用状态
		长期在库显示看板	明确长期在库物品的状况
3	作业管理	考勤管理看板	每个人对全员状况一目了然，以相互调整维持各人所具有能力的平衡
		作业顺序看板	在推动作业基础上明确标示必要的顺序、作业要点，以确保质量安全等
		人员配置看板	明确作业人员的配置情况
		刃具交换管理看板	在各机器上标示下次刃具交换的预定时间
4	设备管理	动力配置图	明确显示动力的配置状态部分
		设备保全日历	明确设备的计划保全日期安排
		使用中显示看板	记录生产异常，将故障内容编制成一览表
5	质量管理	管理项目管理基准显示看板	将由作业标准转记的管理项目、管理标准显示面板贴在醒目的位置
		故障管理看板	发生故障时的联络方法及故障的暂时处理规定
		不良揭示看板	不良再次发生及重大不良实物的展示

续表

序号	管理项目	看板	使用目的
6	事务管理	日历箱（交货期管理箱）	清楚明了交货期
		去向显示看板	将成员的去向，联络方法标明
		心情天气图	出勤状况、心情、天气一目了然，在家可给予相互照顾
		车辆使用管理看板	车辆的去向、返回时间等使用状况一目了然
7	士气管理	小团队活动推进看板	小团队制成各种不同题目的状态表
		工序熟练程度提示看板	对成员的技能清楚显示
		娱乐介绍看板	制造开心一刻的氛围
		新职员介绍角	新伙伴的介绍

（三）标识管理

1.人员识别

规模越大的生产型企业，越需要进行人员识别，便于工作展开。现场中有工种、职务资格及熟练员工识别等几种类型，一般通过衣帽颜色、肩章、袖章及醒目的标志牌来区分。

（1）人员识别项目

人员识别项目分为内部职员与外人的识别；新人与旧人（熟练工与非熟练工）的识别；职务与资格的识别；不同职位（工种）的识别。人员识别示例如图2-7所示。

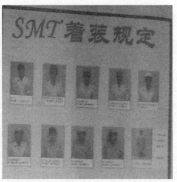

图2-7　人员识别示例

（2）识别方法

① 工种识别。如白色衣服表示办公室人员；蓝色衣服表示生产人员；红色衣服表示维修人员。

② 职务识别。如无肩章表示普通员工；一杠表示组长；二杠表示班长；三杠表示主管；四杠表示部门经理。

③ 可用胸章、袖章、臂章、肩章、厂牌来识别。如取得焊锡、粘接、仪器校正等特殊技能资格认定的人员，要佩戴相应的"认定章"。如厂牌（图2-8）上粘贴本人相片，并设定不同的人事编号，必要时加注部门、职务或资格等。

图2-8　厂牌

2.物料识别

现场中最容易出差错的项目之一就是物料识别管理，良品与不良品相互混淆、误用其他材料、数量不对……每一项都和识别欠佳有关。所以一定要做好识别管理。

（1）识别项目

品名、编号、数量、来历、状态的识别；良品与不良品的识别；保管条件的识别。

（2）识别方法

① 在外包装或实物本身，用文字或带有颜色的标贴纸来识别。如不良品可贴上标贴纸，写上"不可使用"等字样，必要时用带箭头的标贴纸注明不良之处。

② 托载工具上识别。如指定红色的箱子、托盒、托架、台车等只能装载不良品，不能装载良品，而绿色、黑色的才能装载良品。

③ 在材料的"合格证"上做标记或注明。将变更、追加的信息，添注在"合格证"上。

④ "移动管理卡"添加在实物上，以示识别。为了防止混淆，如试做品等，在材料的外包装箱上添加"移动管理卡"（表2-8）。

表2-8　移动管理卡

责任人		日期	
品名	编号	移动顺序	起始部门
项目	内容		
备注			

仓库必须严格执行"先入先出"的原则，同时要将"移动管理卡"一起出具给制造部门或交由技术部门鉴定。

⑤ 分区摆放。物料管理最有效的识别方法就是分区摆放和加上明显的标志。不同材料摆放在同一货架上时，也要对货架进行适当区分，通常是大的、重的、不易拿的放在下层，小的、轻的放在上层，每一层均用标牌揭示。

3.设备识别（图2-9）

（1）识别项目

名称、管理编号、精度校正、操作人员、维护人员、运作状况、设备位置；安全逃生、生命救急装置、操作流程示意。

（2）识别方法

① 画出大型设备的具体位置。

图2-9　设备识别

② 在显眼处悬挂或粘贴标牌、标贴。一台设备有时几个部门共同管理，最好统一设计一个编号；如果判定某设备运作异常时，需要悬挂显眼标牌示意，必要时可在该标牌上附上判定人员的签名以及判定日期等内容，然后从现场撤离，这样其他人才不会误用；纸质标贴时间久了，容易发黄、发黑，最好做过塑处理，或用胶质贴纸。

③ 规划专用场地，并设警告提示。对粉尘、湿度、静电、噪声、震动、光线等环境条件要求特殊的设备，可设置专用场地，必要时用透明胶圈围起来，并做上醒目警告提示（图2-10）。

图2-10 设备定位

④ 设置颜色鲜艳的隔离装置。对只凭警告标示还不足以阻止危险发生的地方,最好的办法就是将其隔离开来;若无法隔离,应设有紧急停止装置,保证任何情况下员工的人身安全。

⑤ 声音、灯光提示。在正常作业情况下亮绿灯,异常情况下亮红灯,并伴有鸣叫声。

⑥ 痕迹留底识别。精密设备一旦设定最佳运作位置之后就不宜改变,可是最佳位置在哪里呢?有时修理人员拆卸之后,无法将原件迅速、准确复位,这样设备运作反而更不顺畅,不得不反复调整,所以最好的办法是将痕迹留底。

设备的隔离装置如图2-11所示。

用围栏将设备圈起来,围栏再漆上鲜艳的橙色

图2-11 设备的隔离装置

4.作业识别

(1)作业识别的项目

① 作业过程、作业结果。

② 生产布局、工艺流程、质量重点控制项目。

③ 个体作业指示、特别注意事项等。
④ 作业有效日期、实施人。
（2）识别方法
① 用文字、图片、样品等可识辨工具来识别。
② 颜色识别。实际指导作业人员作业时，最好由管理人员出示样品并言传身教。为了防止作业人员犯同样的作业错误，管理人员可以将作业要点摘出，并用色笔圈画出来，挂在作业人员最容易看到的位置上。

若是流水线生产方式，只需在第一工序识别生产内容即可，若为单工序作业则需要识别作业内容。同时识别方法要显眼，要方便作业人员和他人查看。

5. 环境识别

从进厂门开始，到生产现场，再到各个部门，都要有完整的厂区平面布局示意图、现场布局示意图，这不仅可以帮助新员工早日熟悉情况，而且可以加深客户对企业的了解，对增强企业形象具有重要意义。

（1）环境识别项目
① 厂区平面分布。如建筑物、通道、外运车辆、停车场、禁烟区等。
② 建筑物内各部门所在位置。
③ 各种通信、动力电线、水管、气管、油管等。
④ 各种电、气、水、控制开关。
⑤ 各种文件、阅读物。
（2）识别方法
① 颜色识别。如作业区刷成绿色，通道用黄色线隔离；消防水管刷成红色等。无论是用什么油漆刷的都要定期重刷，否则油漆剥落之后，视觉效果比不刷更差。
② 标牌识别。如可直接在车间进出门上钉上车间名标牌或编号；禁烟区则可悬挂禁烟令标记。

6. 检验识别

为了确保不合格品在生产过程中不被误用，企业所有的外购货品、在制品、半成品、成品以及待处理的不合格品均应有品质识别标志。

（1）选择标志物
① 标志牌。标志牌是由木板或金属片做成的小方牌，按货品属性或处理类型将相应的标志牌悬挂在货物的外包装上加以标示。

根据企业标志需求，可分为待验牌、暂收牌、合格牌、不合格牌、待处理牌、冻结牌、退货牌、重检牌、返工牌、返修牌、报废牌等。标志牌主要适用于大型货物或成批产品的标示。

② 标签或卡片。该标志物一般为一张标签纸或卡片，通常也称为"箱头纸"。在使用时将货物类型标注在上面，并注明货物的品名、规格、颜色、材质、来源、工单编号、日期、数量等内容。在标示品质状态时，QC（英文Quality Control的缩写，是指品质控制或品质检验）员按物品的品质检验结果在标签或卡片的"品质"栏盖相应的QC标志印章。

③ 色标。色标的形状一般为一张正方形的（2厘米×2厘米）有色粘贴纸。它可直接贴在货物表面规定的位置，也可贴在产品的外包装或标签纸上。

色标的颜色一般分为：绿色、黄色、红色三种，如表2-9所示。

表2-9　色标的颜色含义及贴置地方

序号	颜色	意义	贴置地方
1	绿色	代表受检产品合格	一般贴在货物表面的右下角易于看见的地方
2	黄色	代表受检产品品质暂时无法确定	一般贴在货物表面的右上角易于看见的地方
3	红色	代表受检产品不合格	一般贴在货物表面的左上角易于看见的地方

（2）不合格品标志

① 进料不合格品标志。品质部IQC（英文Incoming Quality Control的缩写，是指来料品质控制，即对企业采购的物料进行品质检验）检验时，若发现来货中存在不合格品，且数量已达到或超过企业来料品质允收标准时，IQC验货人员应即时在该批（箱或件）货物的外包装上挂"待处理"标牌。报请部门主管或经理裁定处理，并按最终审批意见改挂相应的标志牌，如暂收、挑选、退货等。

② 制程中不合格品标志。在生产现场的每台机器旁、每条装配拉台、包装线或每个工位旁边一般应设置专门的"不合格品箱"。

a.员工自检出的或PQC人员在巡检中判定的不合格品，员工应主动地放入"不合格品箱"中，待该箱装满时或该工单产品生产完成时，由专门员工清点数量。

b.在容器的外包装表面指定的位置贴上"箱头纸"或"标签"，经所在部门的QC员盖"不合格"字样或"REJECT"（拒绝或拒收）印章后搬运到现场划定的"不合格"区域整齐摆放。

③ 库存不合格品标志。QC员定期对库存物品的品质进行评定，对于其中的不合格品由仓库集中装箱或打包。QC员在货品的外包装上挂"不合格"标志牌或在箱头纸上逐一盖"REJECT"印章。对暂时无法确定是否为不合格的物品，可在其外包装上挂"待处理"标牌，等待处理结果。

7.识别标志的管理要项

各种识别标志其实就是一张小看板,表面上感觉很简单,其实标志也非常讲究。因为工厂需要标示的物品、机器实在太多,如果标志没有统一的标准,时间长了会有一种让人眼乱心烦的感觉。管理者一定要在一开始就做好标志的统一规定,不要等做完了以后发现问题再重新来做,这样会浪费很多的时间和金钱。

(1)标志的材料

标志会随着时间的变迁而氧化或变化,字迹、颜色和粘贴的胶水等也会渐渐脱落,有时还会因某种原因在一个地方标示多次。所以,要针对场所、位置、物品等选用不同材料,使之持久、容易维护。标志常用的材料如表2-10所示。

表2-10 标志常用的材料

序号	材料	适用位置	效用	维护方法
1	纸类	普通物品,人或物挨碰、触摸机会少的地方	比较容易标示和方便随时标示	在纸张上过一层胶,防止挨碰、触摸或清洁造成损坏
2	塑胶	场所区域的标志	防潮、防水、易清洁	阳光的照射会使胶质硬化、脆化、变色,尽量避免阳光照射
3	油漆	机械设备的危险警告和一些"小心有电"等位置	不容易脱落,时刻保持提醒作用,且易清洁	定期翻新保养
4	其他	用于一些化学物品和防火物(如火警逃离的方向指示牌等)	防火和防腐蚀物	保持清洁

(2)标志的规格

标志的大小规格能直接影响整体美观,如在两个大小一样的货架上,货架A的标志很大,货架B的标志很小,让人看了会很不舒服。

(3)标志的字体

标志的文字最好是打印出来的,不要手写,这样不但容易统一字体和大小规格,而且比较标准和美观。

(4)标志的粘贴

标志必须要粘贴好,特别是一些危险、警告等的标志,并且要经常检查是否有脱落现象。有时可能会因为某张标志的脱落而导致严重的错误发生。

标志的颜色要使用恰当,否则很容易造成误会,颜色要比文字来得醒目,使人不需要看清文字便知其意,所以颜色也必须统一。

（5）标志用词规定

标志的用词也需要予以规定，对于一些如"临时摆放"的标志，必须规定该标志的使用时间，有些员工把"临时摆放"一贴，结果摆放了整个月还是临时摆放着。再如一些"杂物柜"的标志，字面的范围太广，什么东西都可以往里面扔，这样就成了所有不要物品的"避风港"，所以要想办法控制这类标志的使用。

① 同一工厂（部门）内的识别手法要统一，事先要向所有人员说明清楚识别的来龙去脉。

② 标志牌类的粘贴、悬挂位置要牢固。若是露天看板，不仅要确保全天候都能看得清，还要防止风吹、雨淋、日晒所造成的破损。

③ 同一标志牌里尽量规范中文、外文搭配使用。

④ 现场内几乎天天都要取下更新的识别信息，可多用光滑白板、水性彩笔、磁铁板、图钉、夹子等工具书写、固定。

⑤ 看板类的识别工具要就近设置，便于相关人员的使用。

（四）形迹管理

形迹管理是现场管理活动中的一种管理方法，就是根据物品或工具的"形"来管理归位的一种方法，也就是将零部件、工具、夹具等物品的投影形状在保管器具或场所（地面上、墙壁上、桌子上、机器旁）描画出来。按其投影的形状绘图或采用嵌入凹模等方法进行定位标识，使其易于取用和归位。

工具的形迹管理如图2-12所示。

图2-12　工具的形迹管理

如将灭火器、烟灰缸、垃圾箱、茶杯、扫把等物品，在地面上、墙壁上、桌上等地方按其投影的形状绘图，使其使用后易于归位；工具、夹具等可依使用状况，在机器设备旁墙壁上按其投影的形状绘图，使其易于取用和归位。形迹管理的目的是减少寻找时间，加强物品管理，提高工作效率。

企业在形迹管理实施前应首先确定实施对象，针对不同的对象选择适用的实施载体，常用载体包括各类箱、柜、车、架以及墙面等。具体的方法如下。

1.投影绘图

工作人员在置物载体上规划出物品存放的位置，将物品投影的形状绘制在铺设物（纸张、橡胶、PC板等）上，然后用刀或其他工具将投影的形状部分切割下来，再将铺设物放置或粘贴在载体上。如载体表面视觉效果或光洁度等较好，也可直接在载体上进行投影制图（图2-13）。

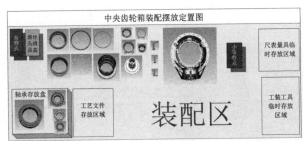 

图2-13　投影绘图（示例）

2.凹模嵌入

工作人员利用海绵、泡沫等易切割材料，刻划出物品的实际形状，镂空处理后即可使用。注意在存放某些特殊零部件时要考虑制作凹模的材质是否会产生多余物，影响零部件的正常使用或造成质量隐患（图2-14）。

图2-14　凹模嵌入（示例）

3.多点限位

工作人员根据零部件的实际形状，利用插销、卡箍等附件将其固定在置物载体上。此方法优点是灵活性较强，可依据需要对附件进行相应调节来固定零部件（图2-15）。

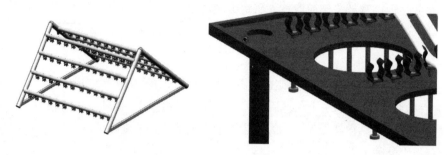

图2-15　多点限位（示例）

第三章 制造现场安灯系统

导 读

安灯系统是目视化管理工具,是实现精益生产的一种重要手段,当前安灯系统在各类制造行业的生产线上得以推广及应用,并取得良好的效果,对于现场品质、设备、物料的管理发挥出其重要的作用。安灯系统是一个柔性自动控制和生产管理系统,可对工位或生产线上的异常状况进行传递报警(包括品质、设备、物料等问题),实现透明化的生产现场管理。

学习目标

1. 了解工厂安灯系统的目的、意义、实施后的收益。
2. 了解安灯系统主要功能,掌握安灯系统操作流程。
3. 了解安灯的类别:操作安灯、质量安灯、物料安灯、电子看板安灯;掌握安灯系统的基本工作流程。
4. 了解安灯系统的种类及几种安灯系统的优缺点,以便做出正确的选择。

学习指引

序号	学习内容	时间安排	期望目标	未达目标的改善
1	安灯系统实施的必要性			
2	安灯系统的功能与使用流程			
3	安灯系统的类别			
4	安灯系统的基本工作流程			
5	安灯系统的选择			

一、安灯系统实施的必要性

安灯系统（Andon，也称暗灯），是一种现代企业的信息管理工具。Andon原为日语的音译，日语的意思为"灯""灯笼"。在一个安灯系统中每个设备或工作站都装配有呼叫灯，如果生产过程中发现问题，操作员（或设备自己）会将灯打开引起注意，使得生产过程中的问题得到及时处理，避免生产过程的中断或减少它们重复发生的可能性。安灯系统架构如图3-1所示。

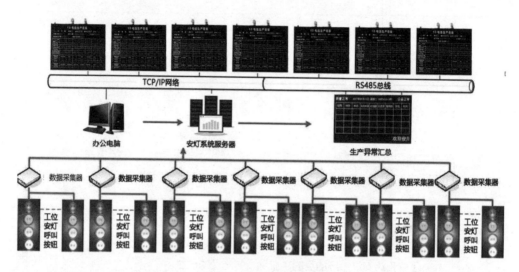

图3-1　安灯系统架构

（一）工厂安灯系统的目的

安灯系统的基础功能是车间的异常信息报警，使用安灯系统可以最直观地降低异常发生报警和异常响应的时间，跳过不必要的人为沟通，达到异常的快速响应和快速解决的目的。

对于安灯系统，无论是工位物料的拉动，或者异常处理问题的填写，都可以在系统后台操作设置，避免纸张的浪费和纸张遗失，以及在后续的跟进中出现问题，达到节省基础成本的目的。

工厂安灯系统可让设备问题快速暴露，快速解决，后续如有人员调动，问题记录方便新上岗人员快速接手，了解设备本身问题，达到降低设备停机率、提高工作效率的目的。

生产现场电子看板如图3-2所示。

图 3-2　生产现场电子看板

(二) 工厂安灯系统的意义

安灯系统是车间基层和管理层的桥梁，管理者注重生产计划、生产效率，安灯系统可以很好地缓解基层的压力，把所有数据都透明化，对员工的休息时间、设备的停复机时间都可以进行记录，让管理者不出办公室的门就可以掌握某台机器或者某个员工的状况，同时对员工的绩效考核也可以用这些数据作参考。

生产车间呼叫看板如图 3-3 所示。

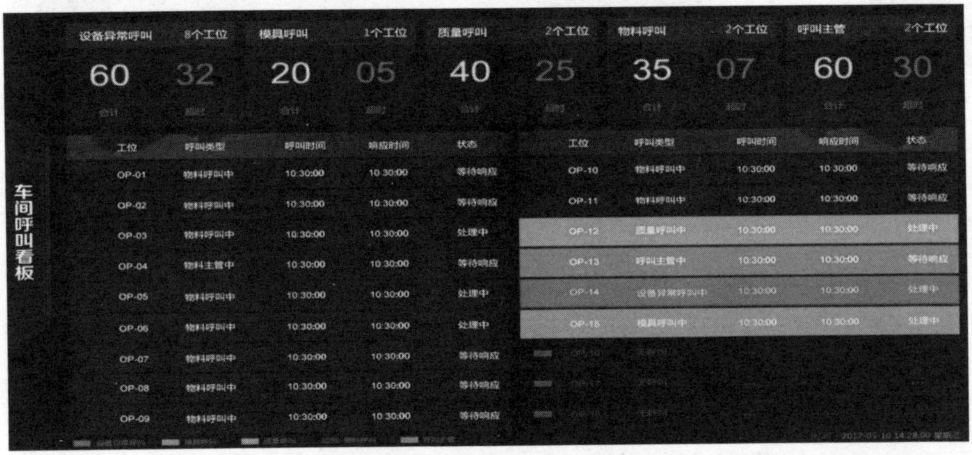

图 3-3　生产车间呼叫看板

(三) 安灯系统实施后的收益

① 在不停线的情况下允许操作人员请求帮助。

② 班组长和维护人员可以在一个指定的范围内就某一种问题用特殊的音乐报警，互不干扰。

③ 安灯拉绳允许操作人员快速以及容易呼叫帮助请求，而不必停下手头的工作走到一个固定位置去按按钮。

④ 未能即时解决的问题在固定位置停线，直到有解决问题的办法为止。

⑤ 工位标记表明生产线在哪个位置停线，并以视觉信号提供给操作人员、班组长、维修人员。

⑥ 过程控制显示看板提供某个区域的全面状态信息，以加强区域内的联络。

某安灯系统架构如图3-4所示。

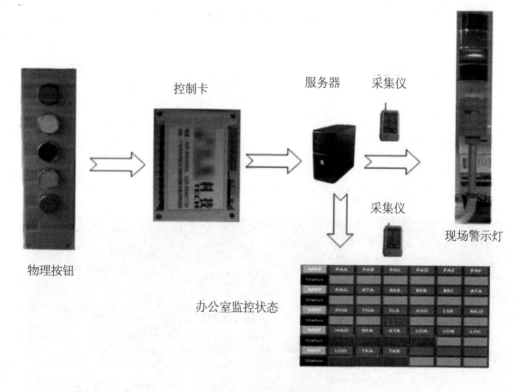

图3-4　某安灯系统架构

二、安灯系统的功能与操作流程

（一）安灯系统的主要功能

① 工位作业管理——工位呼叫；集中事件呼叫。

② 设备运行管理——故障、运行状态、维护信息。

③ 信息可视管理——通过安灯看板，显示呼叫信息、故障信息、停线信息。

④ 物料呼叫——通过物料显示屏，显示物料呼叫信息。

⑤ 质量呼叫——通过广播，呼叫质量信息。

⑥ 设备呼叫——当设备故障时，通过广播进行呼叫。

⑦ 维修呼叫管理——通过维修安灯看板，显示维修信息。

⑧ 公共信息管理——通过信息显示屏，显示各种公共信息。

（二）安灯系统操作流程

① 当操作者需要帮助、发现质量等与产品制造、质量有关的问题时，他就可以直接按下安灯按钮，直接激活安灯系统，该信息通过操作工位信号灯、安灯看板、广播将信息发布出去，提醒所有人注意。

② 班组长响应质量要求，与操作工一同确定问题。如果班组长可以解决问题，重新按下安灯按钮，则系统恢复正常。如果确定的问题必须向其他部门求助解决，则班组长通过设置在区域集中呼叫台进行呼叫，将信息类型、呼叫内容再次通过安灯看板、广播将信息发布出去，呼叫物料、质量、油漆、维修等相关人员前去处理问题。

③ 如果有过程控制的显示看板，看板将高亮显示下面的信号状态。

④ 异常信息发送方式的多样性：即时通信软件、短信、邮件。

⑤ 采用逐层报警机制，保证异常状况迅速有效地得到处理。

三、安灯系统的类别

安灯系统从其实现的功能上有以下几大类，如图3-5所示。

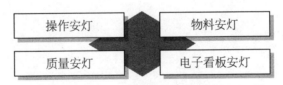

图3-5 安灯系统的类别

（一）操作安灯

操作安灯主要用于操作密集的流水线式的车间或生产线。

流水线式生产线一般都是自动按照生产节拍及一定的速度不停运转的，生产线上的工人是按照生产工位来安排的，一条生产线往往被划分为一定数量的生产工位，每个工位有一个或多个工人，在物料进入生产工位后，工人开始其工位的操作。工人在操作的过程中，生产线在不停地移动，如果物料（半成品）进入下一个工位，新的物料（半成品）就会进入此工位。因此如果工人不能在一定的节拍时间内完成所需完成的工作，后续的工作就会受到影响。为了避免这种问题发生，工人可以通过拉动安灯绳来让生产线暂停，这样可以继续完成工作，避免一个工位的问题扩散。

为配合操作安灯，一般每条生产线上会设置一到两个安灯显示板，如果生产线比较长，会设置更多，其原则是方便班长在其负责的任何位置都能方便看到哪个工位拉下的是什么类型的安灯。安灯板一般采用等离子显示屏或LED显示屏，通过计算机驱动，可以将很多生产的信息显示在安灯板上，车间现场管理人员浏览安灯板就能获得其所需要的信息。

安灯系统设计中一般都配备有安灯音乐，安灯音乐采用的是内置不同音调的喇叭，安灯喇叭通常设置在安灯箱上，一般几个安灯连接一个安灯箱。可以为每个安灯箱的固定停车安灯拉下时或立即停车安灯拉下时设置不同的音乐，当有不同的音乐在车间响起时，相应的工段长就会知道是不是自己所管理的工段有什么样的安灯拉下。

（二）质量安灯

质量安灯是在一些关键的工位设置的安灯，有的厂家在设计安灯系统时，将质量安灯和操作安灯集成在一起，在安灯系统的处理器上进行区分。这种设计通常在其硬件设计上是一样的，通过不同的定义和配置，实现不同安灯盒的不同功能，这种设计将质量安灯和操作安灯统一，只是后台通过配置来实现，从成本和效益上来说是更好的。在丰田的车间通常是按照这种设计模式进行的。还有的采用的是一套独立的安灯盒来实现，其功能会更多，例如加入质量类别的选择等，一般这种设计是在一些生产线的终端设置一个这种质量安灯盒。在戴姆勒-克莱斯勒的制造车间就采用这种设计模式的质量安灯。质量安灯主要用于发现前端加工/装配的质量问题，及时对问题进行反馈并需要前端人员的协助解决。

（三）物料安灯

物料安灯主要是对物料进行拉动，保证现场物料的即时供应。与操作安灯和质量安灯最大的不同在于，操作安灯和质量安灯一般是按照生产线或工段来划分的，物料安灯则一般是按照物料供应的方式来划分的，也不是每个工位都设置安灯盒。

物料缺料综合看板如图3-6所示。

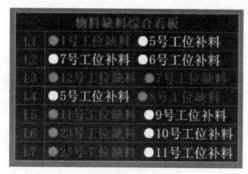

图3-6 物料缺料综合看板

1. 物料安灯系统的应用

物料安灯系统可以在质量安灯系统的基础上建立起来，它是通过在生产工位旁安装一定数量的物料呼叫请求按钮,在车间现场和物料存储区设置信息显示板,实时反馈生产线上的物料呼叫请求,并指示和分配送料任务的一个辅助系统。通过共享网络、数据服务器等硬件系统,达到降低投资成本,并最大可能发挥效益的目的。

2. 物料安灯系统的整个流程

对物料按照装箱数多少进行一定的分类,不同大小的物料采用不同的呼叫方式。只要流水线旁物料剩余量达到触发条件(即最低剩余量时),及时发出物料需求呼叫,通过网络传递到数据服务器,由系统处理并自动分配给适合的物料配送人员,物料配送人员及时组织物料配送上线,完成配送后,将对应的呼叫信息进行复位,完成一次配送;系统会实时记录下每一次物料请求发生的时间、地点以及对物料请求的响应情况,并对此进行分析。

3. 系统硬件配置

物料安灯系统按照功能和实现方式不同可以分为有线及无线两种:有线式安灯系统全部信息传递都通过遍布车间的有线网络来实现;而无线式安灯系统,信息的传递是通过无线网络、无线通信来实现的。由于工位位置相对固定,工位物料呼叫按钮到料库服务器计算机之间的信息传递,企业可采用有线网络的方式;而配送小车(包括铲车、牵引车)在车间各处移动送料,因此从配送小车到系统服务器之间的信息传递,企业可采用无线网络的方式。物料安灯系统分为三层结构,如图3-7所示。

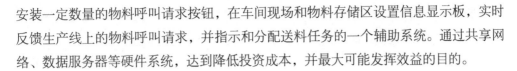

图3-7 物料安灯系统的三层架构

现场可根据企业的需要采用两种模式的信息发送配置,即按钮模式或者数据采集仪模式。当生场现场出现如设备故障等异常状况时,现场人员可通过按钮点亮相应的警示灯或者直接通过触摸屏进行操作。信息传递的过程是这样的:通过人工揿动线边物料呼叫按钮或者系统自行判断线边剩余物料到一定的数额,触发物料需求,通过有线网络传递给服务器,服务器端系统将信息进行归类整理,并自动分配给合适的物流配送人员,将信息通过无线网络传递到配送小车,并自动显示在配送员前面的屏幕上,配送员通过点击触摸屏上相关条目,响应呼唤并及时将物料送达指定位置,再次点击相关条目,关闭该条目配送请求,完成一次完整的配送。总之,物料安灯系统是一个综合性的物流管理系统,它不仅能提供物料配送及时信息,还能提供整个物流链上面的物料库存信息,给管理者进行精益生产优化提供了很好的决策基础。

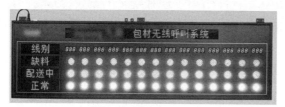

图3-8 无线呼叫系统

无线呼叫系统如图3-8所示。

(四)电子看板安灯

电子看板是装配行业拉动物料使用最多也最有效的一种模式。电子看板安灯系统不但可以对车间的异常故障进行实时的报警,同时系统可以记录故障发生的原因、时间等信息,并将数据传送到服务器系统,可通过电子看板将数据实时显示出来,使管理层及时掌握产线状态,达到持续改善的目的。

电子看板安灯系统如图3-9所示。

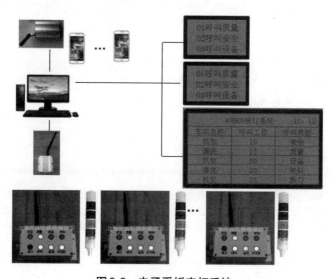

图3-9 电子看板安灯系统

四、安灯系统的基本工作流程

安灯系统本质是一款呼叫系统，应用场景以车间工厂为主，相比传统的呼叫，安灯系统具有记录事件时间点、事件呼叫原因、事件解决方法、升级呼叫等特点，记录的数据可以对设备、人员、工作流程进行分析，从而协同各单位更好地配合，提高整体的工作效率。以下介绍安灯系统的基本工作流程。

（一）事件出现呼叫触发

当车间出现异常事件时，工作人员通过工业按键或者虚拟按键，触发相关呼叫，一般可以以工位、生产线或者区域为单位共同使用按键，现场可以以塔灯标注。事件异常大致可分为人员的异常、材料的异常、设备的异常、质量的异常等，企业可以根据工厂的要求定制事件，合理细分异常，更好地有针对性地解决。见图3-10。

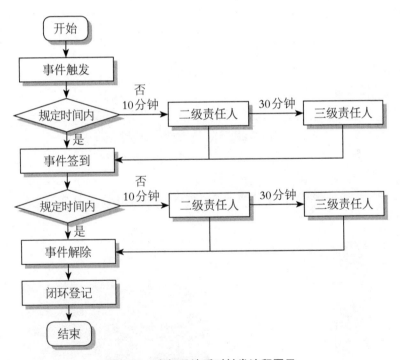

图3-10　安灯系统呼叫触发流程图示

（二）异常事件的发送和接收

车间通过按键呼叫安灯系统并记录呼叫时间点，呼叫信号通过安灯主机处理后发送给指定的人员，若设备出现异常，安灯呼叫信号直接发送给设备维修人员；若工位材料出现异常，则直接呼叫仓库人员，也可对接物料配送系统，指定到单个物料，相关人员收到信号马上确认系统记录时间点。如果车间呼叫信号发出后，相关人员不确认，则安灯系统可以对时间进行升级，经过设定的时间不确认，则将事件信号推送给上级部门，由上级部门督促处理。

（三）相关人员现场处理事件

相关负责人确认接收呼叫信号后，到达指定位置，并通过按键确认签到，记录签到时间点，人员开始处理异常事件，解决后再按键确认以代表事件已经获得解决，并记录解决时间。相关负责人可以通过安灯系统对此次事件发生的原因和解决方式进行文字和图片记录，方便对异常事件进行分析，避免问题重复发生，有助于今后其他人员对相关事件的处理。

安灯的工作流程还可进行扩展，比如实时对接看板，展示车间各单位的状态，还可以对每日、每周的异常处理数据进行分析并产生报表，最后加以改进，达到整个时间段整个异常的闭环。安灯系统的最终目的是对车间进行精益化管理，降低成本，提高工作效率，使车间达到智能化的改造。

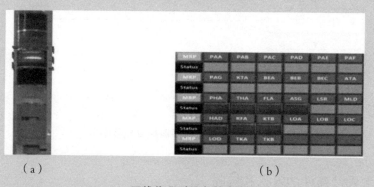

某企业安灯系统操作流程

1. 开线作业

上班前按绿色按钮，警示灯亮绿色［下图（a）］，电子看板及采集仪显示生产线开线数，看板显示绿色状态［下图（b）］。

（a）　　　　　　　　　　（b）

开线作业时绿色状态

2. 异常作业

生产线作业发生异常时，操作人员可根据异常状况按对应颜色按钮。如某生产线出现品质异常，按下红色按钮，指示灯亮红色［下图（a）］；电子看板及采集仪显示相对应的生产线，看板显示红色状态［下图（b）］；当异常未处理时，异常时间会显示累加时数。

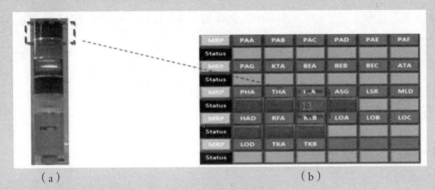

（a） （b）

异常作业发生时的状态

备注：颜色对应相关异常状态，可根据公司的实际状况自行定义。定义时应清楚不同的颜色表达不同的异常项目，否则报表统计会出现异常。如同一生产线出现多种异常，则分别按对应颜色的异常按钮。

3.异常排除作业

相关单位将异常排除后，请按对应的颜色按钮。如报警灯显示红色，则人员按红色按钮，异常解除后，看板中对应生产线显示正常的绿色。其他异常操作方式相同。

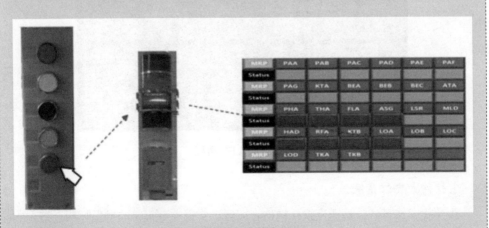

异常排除后的状态显示

> **4. 下班作业**
>
> 工作人员下班时,应再次按绿色按钮,绿色灯熄灭,看板对应的生产线显示灰色状态。异常若未处理,下班后异常时间会一直累计显示,直到异常解除。
>
> 备注:请根据实际的排班情况制定上下班按钮操作规则,如8:00～12:00,则8:00按绿色按钮上班,12:00再次按绿色按钮下班;如13:00～17:00,则13:00按绿色按钮上班,17:00再次按绿色按钮下班。

五、安灯系统的选择

(一)安灯系统的种类

目前,市面上有四大类安灯系统(硬件式安灯系统,软件安灯系统,软件+硬件安灯系统,基于设备状态采集的安灯系统),具体介绍如下。

1.硬件式安灯系统

硬件式安灯系统是传统的安灯系统,往往通过加装一些呼叫器和通知器[如工业手表、声光报警器、LED看板(图3-11)等],让工人对各类生产异常进行报警,呼叫相关人员来签到和解决,实现跨部门协作。

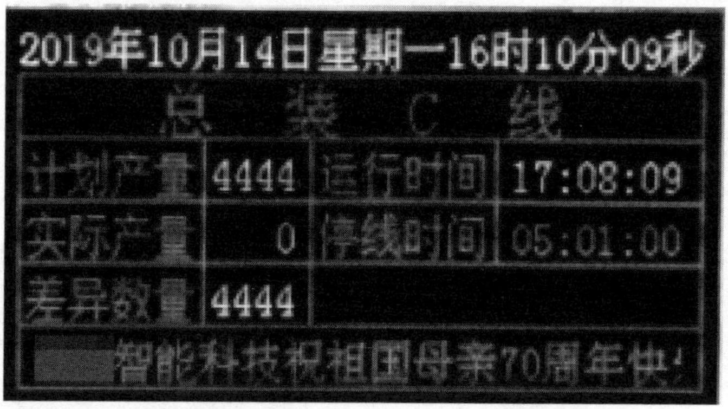

图3-11 LED看板

2.软件式安灯系统

软件式安灯系统就是通过软件模拟呼叫器,实现安灯报警的触发呼叫、签到响应和解除。安灯软件运行在车间工位机或平板电脑上,同时提供大屏幕看板展示安灯看板(图3-12)。

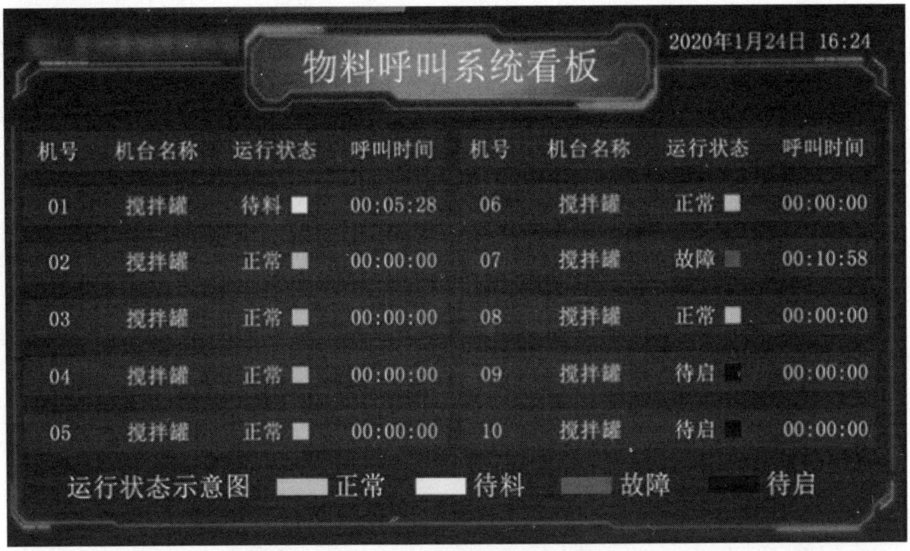

图3-12 大屏幕看板展示安灯看板

系统同时提供后台管理软件,可以实现对安灯数据的记录和分析,可以进一步提供各类报警的次数、时长、响应速度等数据的统计报表,为分析和提升跨部门协作效率提供原始的数据支撑。

3. 硬件+软件式安灯系统

这种方式相当于混合部署,通过前端呼叫器硬件代替工位机上的安灯软件,后端仍然提供安灯后台管理软件,可降低实施成本。

软件后台可配置报警升级机制,例如当安灯报警在设定的时间没有解除,则自动升级到下一级报警,系统自动将安灯信息通知到更高等级的人员,加快安灯报警的解决。

进一步,软件系统还可提供安灯处理报告功能,例如设备故障的安灯报警现场处理完毕后,维修人员可登录后台,填写该报警对应的处理报告,实现对异常情况处理的详细记录,为后续的追溯、统计提供更翔实的资料。

4. 基于设备状态监测的安灯系统

上述几种类型的安灯系统都有一个共同的特点,就是依靠人工触发各类安灯报警信息。还有一种基于设备状态监控的安灯系统,其运行原理为通过设备状态监测装置持续实时监测设备状态。

① 如果设备发生报警且持续 x 分钟(x 可自定义),安灯系统将自动触发一条该设备报警的安灯信号,广播到系统的消息中心、车间看板,或邮件通知、短消息等,第一时间通知到相关人员并及时处理。

② 如果设备处于待机状态时间且持续了 y 分钟（y 可自定义），则系统自动跳出待机原因界面，提醒操作者系统待机超时，请选择某个原因。待机原因可根据设备特性和生产特征进行配置，如计划内维修、停机待料、设备故障、更换夹具等，操作者选择了某个待机原因之后，如果该待机原因提前配置了安灯报警，则自动触发该报警，从而实现基于设备状态监测的安灯自动触发机制。

后续通过统计分析各类待机原因，找出设备待机的主要原因，对于提升设备利用率和减少安灯报警具有积极而直观的作用。

基于设备状态监控的安灯系统，能够实现自动触发相关报警，比人工触发更接近现实、更具实时性，具有更高的应用价值。

（二）几种安灯系统的比较选择

以上是几种常见的安灯系统方案，企业可根据实际情况选择合适的方案。

基于硬件的安灯系统实施成本相对较低，但缺乏安灯报警数据记录和统计功能。

纯软件式的安灯系统则具备全部记录和统计功能，因为车间需要部署工位机或平板电脑，以及有线网络或无线网络，实施成本相对高一些。

硬件+软件式安灯系统则综合前两者的优势，通过混合部署，既让成本相对可控，又具备软件全程记录、灵活配置和统计分析功能，值得借鉴。

基于设备状态监测的安灯系统则相对高级，具备设备自动触发安灯报警的功能，更能反映生产实况，可直观反映设备 OEE（Overall Equipment Effectiveness）稼动率等，对于综合分析改进生产协作具有较好的指导作用。

第四章
MES制造执行系统

导读

制造企业需要有一种现场信息流自动化系统来解决生产现场监控管理的问题,这类系统也称为生产现场管理系统(Manufacturing Execution System,为MES)。MES可说是一种由下而上实时掌握现场状况的信息管理系统。

学习目标

1. 了解MES制造执行系统的目标、实施MES制造执行系统的益处。
2. 掌握MES制造执行系统的功能、MES制造执行系统需要的主要数据。
3. 掌握MES制造执行系统选型与实施的步骤、要求和注意事项。

学习指引

序号	学习内容	时间安排	期望目标	未达目标的改善
1	MES制造执行系统的目标			
2	实施MES制造执行系统的益处			
3	MES制造执行系统的功能			
4	MES制造执行系统需要的主要数据			
5	MES制造执行系统选型与实施			

一、MES制造执行系统的目标

MES制造执行系统是一套面向制造企业车间执行层的生产信息化管理系统。MES可以为企业提供包括制造数据管理、计划排程管理、生产调度管理、库存管理、质量管理、人力资源管理、工作中心/设备管理、工具工装管理、采购管理、成本管理、项目看板管理、生产过程控制、底层数据集成分析、上层数据集成分解等管理模块，为企业打造一个扎实、可靠、全面、可行的制造协同管理平台。企业实施MES制造执行系统可达成如下目标。

（一）沟通企业中的ERP信息

MES制造执行系统实施，首要目的在于实现整个企业的信息集成和交互，为ERP系统（Enterprise Resource Planning的简称，企业资源计划）的生产计划、物料管理、销售分销等模块提供数据，主要包括物料数据和公用工程数据。

（二）实现企业生产数据和信息化应用的高度集成

企业通过MES制造执行系统实施可以实现各种生产数据的集成和各种信息化应用系统的集成，从而实现企业内部信息的一致、共享。

（三）生产管理信息化

MES制造执行系统是一种集成化的信息化生产管理工具。为生产管理（计划、调度、统计）提供一致、唯一和共享的数据源；实现自动化管理和设备数据的自动校正；是一种为生产调度提供实时的物料移动跟踪和物料平衡工具；为生产统计部门提供自动实现物料日平衡的工具；为企业公用工程信息提供平衡管理工具。

（四）促进精细化生产管理，提高企业竞争力

MES制造执行系统实施的目的，还在于使企业的生产管理流程的规范和优化；降低管理部门业务人员的重复性劳动，提升创造性劳动。

（五）提高供应链管理效率，优化生产加工工艺流程

MES制造执行系统可以为整个业务流程提供优化建议；为公司生产加工方案、原材料选购、优化排产、产品调和的优化提供决策支持，为公司的生产降本增效，提高企业的经济效益。

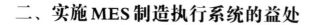

二、实施MES制造执行系统的益处

在许多工厂中，全厂的管理仍然由人工操控，导致生产效率低、反应慢、容易出错。随着制造企业对精益制造、柔性生产的日益重视，MES制造执行系统需求呈快速增长态势。企业通过实施MES制造执行系统，可以得到如图4-1所示的改善并获得效益。

益处一 ▶ 降低不良率，改善品质管理

MES制造执行系统实时进行现场信息收集与分析，有助于实时了解问题发生的原因并立即改正，降低不良率；系统中全面、准确的数据，能使质量管控、项目有的放矢，质量事件、质量成本、缺陷定位改善、质量标准制定等方面管理水平稳步提升

益处二 ▶ 防错、纠错，降低生产过程中的错误率，柔性制造

通过MES制造执行系统，关键工位操作员工上班时须验证、考勤；备料或组装，通过系统的实时过程监控和指导，自动防错、纠错，支持同一生产线上不同产品型号的同时生产（混流生产），支持多品种、小批量的柔性生产模式

益处三 ▶ 降低成本，现场整洁

通过MES制造执行系统，按需、适时、定点的物料配送，使生产线现场物料、在制品减少、现场整洁、干净

益处四 ▶ 监控生产，全程追溯，体系管理

MES制造执行系中有清晰的供应商、批次、工位、操作工、产品/物料的关联记载，这方便任意视角和环节的前追后溯，而且故障定位及责任界定明确，管理到位

益处五 ▶ 改善车间管理、企业整体响应速度提高

企业使用MES制造执行系，可大量减少人工数据收集、统计造成的低效、差错、遗漏，车间管理时效性、针对性、效率获得大幅提升；制造执行过程透明化，使企业领导、各管理者能够准确及时地了解车间作业情况，方便扁平化管理、快速反应

图4-1 实施MES制造执行系统的益处

综上所述，可以看出，中小型企业实施MES制造执行系统可以提高20%的人工绩效，降低80%的试产磨合期，降低25%的生产周期，减少70%的质量过失，降低12%的库存，提高数据完整性95%以上，减少80%的过失文档工作，产品品质在线报告实时性提高99%，减少80%各过程的统计和记录工作，由人工统计获取变成实时、动态数据刷新。

三、MES制造执行系统的功能

MES制造执行系统是美国AMR公司在20世纪90年代初提出的，旨在加强MRP（Material Requirement Planning，MRP）物资需求计划的执行功能，把MRP计划与车间作业现场控制，通过执行系统联系起来。MES能通过信息传递对从订单下达到产品完成的整个生产过程进行优化管理。

MES制造执行系统的具体功能如表4-1所示。

表4-1　MES制造执行系统的具体功能

序号	功能	说明
1	作业计划	根据客户生产过程中的具体生产工序对生产作业进行计划安排
2	生产调度	根据生产实际情况做出相应智能化反应，通过实时采集的数据自动调整下一步计划，根据实际情况做出最优的安排
3	车间文档管理	配合客户公司的相关制度，做好车间相关报备，落实文件管理责任，加强文件流通控制
4	数据采集	数据动态化管理，配合厂间生产设备及现场硬件集成，实现数据实时采集、动态分析、动态统计处理等事项，无论长期或短期计划，真正达到实时掌控的目的
5	人力资源管理	可以减少人工统计和手工报表，根据实际情况合理安排人力资源，提高现场管理人员的生产力，同时消除不必要的错误信息传递
6	质量管理	根据数据采集可以对不良品进行追踪和生产过程分析，提高产品的质量，同时降低生产成本
7	工艺过程管理	根据采集到的数据可以对工艺过程进行分析优化
8	设备维修管理	根据机器反馈的数据掌握设备的实时状态，及时对生产进行调整
9	产品跟踪	可以实现产品整个生命周期的追踪，对其质量进行严格把控，提高质量的同时控制成本
10	业绩分析	根据生产数据对业绩进行统计分析，找出影响因素，提高生产质量

四、MES制造执行系统需要的主要数据

企业要建立MES制造执行系统，必须要预备好以下数据并输入系统中。

（一）产品BOM

BOM（Bill of Material，物料清单）主要分为EBOM（Engineering BOM，工程物料清单）和MBOM（Manufacturing BOM，制造物料清单）两种。EBOM体现产品组成结构，可用来生成物料需求计划。MBOM体现产品的制造过程，可用来生成作业计划，指导实际生产作业。EBOM来源于PDM（Product Data Management，产品数据管理）的EBOM树，导入方式可分为紧密集成和非紧密集成两种。前者PDM直接和MES对接，利用集成接口导入所需数据，使用简便，但开发量大，两个系统间互相影响，如果以后系统升级可能会影响集成。

后者由PDM中导出生成中间文件，再导入MES生成BOM树，两个系统间无任何直接的数据交换，开发相对容易；即使以后系统升级，只要导入和导出的数据格式不变，对系统运行就不会有影响，因此也为很多企业所采用。PDM中可以建立单独的MBOM树（有些甚至还有计划BOM、采购BOM、工艺BOM等），和EBOM使用同一套图纸和工艺文件，只是节点的组成结构不同，这样就保证了EBOM和MBOM数据源的唯一性。

（二）财务数据

财务数据可导入MES核算生产成本。从很多企业实施信息化项目的经验看，数据对项目成功与否影响很大，因为数据问题以致项目运行不起来甚至失败的例子并不鲜见，因此在项目建设之初就对数据进行规划和准备十分必要。

（三）工艺文件

MES中工车间的周转系统自动完成，转序依据就是工艺流程，这是MES运行的基础。流程型企业的一般工艺流程比较固定，数量也少，可在MES中直接创建。离散制造型企业，工艺流程很多，系统内创建工作量太大且是重复劳动（工艺文件已有），可以通过工艺文件导入。

工艺文件中除工艺流程外，还应有设备、工时等信息。设备信息可用于派工时指定设备，工时可用于衡量工作量，也是计算生产排程的依据，系统自动排程对工时的准确性和完整性要求很高，否则排程结果不准确。工艺流程中的工序名称一般要求标准化，这样系统可以按照工序自动派工、核算评估工序产能及对工序进行属性定义。

工序名称不统一会给系统运行带来困难，如果全部重新修改工艺文件工作量太

大，可以采取一种更为便捷的办法：在系统内建立新旧工序名称的对照表，由系统自动解析。

（四）生产计划和库存数据

生产计划一般在ERP中产生，通过集成接口导入MES执行，完成后再返回ERP。如没有ERP，也可在MES中直接生成生产计划。MES可和物资库存管理系统集成，计划产生时自动读取库存数据扣除可用数量，同时可指导现场作业配料。

（五）物料齐套清单

物料齐套是装配型企业生产管理的难点，在MES中需要重点考虑。物料清单是齐套的依据，不仅应反映产品组成，还要考虑实际生产过程，即按生产流程配料，配料可到工序。物料清单可由MBOM自动生成、在工艺文件中导入或以物料清单文件形式导入。

（六）图纸等技术文件

出于降低成本以及技术、工艺的需要，很多企业希望能够实现无纸化生产，生产过程中不再使用纸质图纸、工艺等文件，所有文件均在MES中读取，此时需要把文件导入MES。

（七）DNC系统数据

DNC（Distributed Numerical Control，称为分布式数控）系统中的设备、数控程序及任务完成情况等信息可以导入MES，MES可把生产任务信息导入DNC。

（八）订货数据

订货数据一般来自销售部门，可以由CRM（Customer Relationship Management，客户关系管理）系统导入MES，也可手工输入。

以上就是MES制造执行系统在建设时需要的一些主要数据，只有这些数据都输入完成了，MES制造执行系统才能更好地帮助企业进行管理。

五、MES制造执行系统选型与实施

MES制造执行系统具有很强的行业特性，不同行业和生产工艺的企业，对于MES的功能需求差异很大。因此，企业进行MES的选型时应更加谨慎，充分借鉴选型策略和经验，规避选型风险，为后续MES成功应用打下坚实基础。

（一）分析自身的需求

企业实施MES制造执行系统基于对其有需求，在选型前，企业必须全面、详细分析需求。分析自身需求时要做好如图4-2所示的工作。

1 必须结合企业的生产工艺特点，重点阐述生产环节需要监管的重点环节和重点要求

2 要明确需要实施的项目范围，科学划分近期实现的功能和未来实施的功能，并在高级排程及工厂资源规划未实施前，将生产计划管理和车间HR管理、设备管理的相关信息与生产过程的可视化进行集成。另外数据采集应涵盖生产计划管理和车间人力资源管理、设备管理、质量管理等环节中

3 对MES制造执行系统整体的性能提出精细化的要求，即可集成性、可配置性、可适应性、可扩展性和可靠性等要求

4 分层级的对相关的业务明确细化的需求，如"生产过程可视化"管理中，提出下列需求，即生产控制、抛料率分析、强制制程、看板管理以及预警机制等。总之，只有每个细节功能都实现类似细粒度的需求描述，方能在选型过程中有的放矢

5 解决集成问题，一方面要重点要解决好与其他系统之间的集成，尤其是ERP系统的集成；另一方面要解决与设备等集成问题。在解决集成问题的同时，需要明确各系统之间的边界问题

图4-2 分析自身需求时要做好的工作

（二）了解供应商

MES制造执行系统的供应商非常多，企业在选型时应该对供应商加以充分的了解，具体事项见表4-2。

表4-2 选型时了解供应商的事项

序号	事项	说明
1	供应商产品演示	软件供应商通常会对自己的系统进行一次演示，通过这样的演示企业可以初步了解供应商的研发能力以及系统模块、构架、功能和相关案例等

续表

序号	事项	说明
2	项目实施团队考察	供应商的实施团队应该具有丰富的实际制造业经验和实施案例，同时具备足够的应变能力来应对不同的企业需求和实际业务
3	项目管理经验考察	供应商的项目管理经验也很重要，特别是项目过程中应对突发和异常事件的经验和能力
4	项目关键人员考察	对于项目管理和顾问人员，一般需要要求他们进行实地调研，针对企业的特性提出合理的针对性方案

（三）MES制造执行系统实施阶段

MES制造执行系统实施阶段划分整体思路为：在集成的前提下实现可视化，在可视化的基础上实现精细化，在精细化的前提下实现均衡化，透明的目的在于实现生产过程的可视化，实现精细化生产。

1. 实现制造信息的采集

企业要实现制造信息的采集。这是企业实施MES的初衷，也是很容易见效的环节。但要实现真正"透明"，不仅完成制造数据的采集，还要实现制造数据的集成，即物料数据、产品数据、工艺数据、质量数据等高度集成。

2. 实现生产过程可视化

企业在生产现场要实现生产过程可视化，即在实现了集成后，企业通过逐步的细化（从控制的力度：车间→工序→机台→工步等。从控制的范围：计划执行→物料→工艺→人员→环境等），实现生产过程的可视化管理。

3. 实现均衡生产

企业在透明的基础上，实现均衡生产。企业只有实现了均衡生产，才能实现产品质量、产品成本、产品交货期的均衡发展。均衡生产是质量稳定、降低制造成本的基础。

4. 实现高效生产

即企业在生产均衡的前提下，通过优化，实现高效的生产。

（四）MES制造执行系统实施的关键核心环节

MES制造执行系统实施要把握好详细需求分析、需求变更管理、二次开发管理、上线前策划及上线后的持续改善等关键核心环节。

1. 详细需求分析

企业进行详细的需求分析，旨在使企业业务需求与实施的系统实现平滑的衔接，这是关键环节，避免为后期系统实施带来不必要的隐患。

2. 需求变更管理

在MES实施过程中，负责人既要确保需求的实现，又要控制好需求的变更，尤其是在系统上线的前后，业务部门会提出很多变更需求，此时项目负责人必须坚信的理念是："此时的80%以上的需求变更是可以不用响应的。"可以灌输"先固化，再优化""先强力推进应用，即便有问题也要用，但同时对业务部门所提出的需求认真处理"的思想。处理的原则为收集、整理、分类、处理。

3. 二次开发管理

企业要想科学地管理好"二次开发"项目，就必须从"源头"进行控制，即规范二次开发的需求分析，管理的内容图4-3所示。

判断是否需要进行开发：不需要二次开发范畴，做好说服工作；需要二次开发范畴，应该严格按照软件工程的要求，与企业一起界定清楚二次开发的范围及目标，并进行详细的、无二意性的功能描述、开发进度安排、质量体系保证、开发成本及所需资源等

要加强开发过程控制，二次开发的主体既要严格按照项目管理的思路对开发从进度、质量和成本上进行管理和控制；又要按照软件工程的思路做好详细设计、代码开发、功能测试、集成测试等关键环节的工作，保证最终交付的产品经得起用户的考验

处理好二次开发的验收工作。如果前期环节都执行到位，那么二次开发的验收工作就相对简单，关键除了满足双方所约定的《二次开发需求报告》外，还要重点做好相关文档、相关代码的存档工作，并做好与之相应的实施、培训工作

图4-3　二次开发管理的内容

4. 上线前策划

上线前策划即MES在正式上线前需要进行全面的评估，通过评估可以查缺补漏，确保一次上线成功。通常上线前的评估主要包括：需求分析、基础数据管理、系统配置与二次开发、系统接口、系统测试以及其他相关项目。

5. 项目验收

正常情况下,项目需要在应用大致 1～2 月后再组织验收。验收分为纵、横两方面,纵向代表验收流程,横向代表验收内容,纵横两方面交错进行。

① 验收流程主要是部门划分:生产计划→车间作业→库管→质量管理→设备部→工艺部。

② 验收内容主要分为七部分:功能验收(包含二次开发功能)、流程验收、数据及报表验收、接口验收、培训验收、文档验收、其他验收。

现场管理的QCDS控制

现场管理的QCDS包括Q（Quality，质量）、C（Cost，成本）、D（Delivery，交付期）、S（Safety，安全），即要求生产现场以优异的质量、最低的成本、最快的速度向用户提供最好的产品，同时要确保生产过程中人、财、物的安全。

本篇主要由以下章节组成。

➡ Q——现场Quality（质量）管理
➡ C——现场Cost（成本）控制
➡ D——现场Delivey（交货期）管理
➡ S——现场Safety（安全）管理

第五章
Q——现场 Quality（质量）管理

导读

　　现场质量管理是指从原料投入到产品完成入库的整个生产制造过程中所进行的质量管理，其工作重点大部分都集中在生产车间。现场质量管理以生产现场为对象，以对生产现场影响产品质量的有关因素和质量行为的控制及管理为核心，使整个生产过程中的工序质量处在严格的控制状态，从而确保生产现场能够稳定地生产出合格产品和优质产品。

学习目标

　　1.了解现场Quality（质量）管理的措施：提高全员的品质意识、将质量与生产人员的绩效挂钩、严格执行"三不原则"、首件一定要检验、换线质量控制、样品管理需做好、把握好现场变化点、把后道工序当客户、现场不良品控制。

　　2.掌握各项现场质量管理措施的操作步骤、方法、细节和注意事项。

学习指引

序号	学习内容	时间安排	期望目标	未达目标的改善
1	提高全员的品质意识			
2	将质量与生产人员的绩效挂钩			
3	严格执行"三不原则"			
4	首件一定要检验			
5	换线质量控制			
6	样品管理需做好			
7	把握好现场变化点			
8	把后道工序当客户			
9	现场不良品控制			

一、提高全员的品质意识

质量是制造出来的,而不是检验出来的,只有全员品管才能取得较好的效果。而在现场管理的过程中,必须努力提高品质意识,因为一般的作业人员若能从心底里具有品质意识的话,那么他一定不会违反种种重要的作业规范、程序,而且也能够一直保持良好的品质意识。

(一)品质意识的灌输要求

1. 初级、中级管理人员

对于初级、中级管理人员,主要以品质意识来灌输,例如:
① 购入不好的材料,就难有好的成品;
② 不按照标准的作业方法操作,不良率会增加;
③ 工作场所不讲究清理,会造成更多的不良;
④ 机器、工具、模具平时不保养,生产不出好产品;
⑤ 不良品多,效率就低,生产奖金就会受影响;
⑥ 不良品多,经常返修补货,交货期有问题,就得加班赶生产;
⑦ 不良品多,是一种不光荣的事情。

2. 基层员工

基层员工占工厂的大部分,如何提高基层员工的"品质意识",是决定"品质管理"能否顺畅进行的重要事情。主要应强调以下问题。
① 你所做的工作,自己是否满意?
② 你所做的工作,后工序的人是否满意?
③ 你所做的工作自己满意及后工序的人满意,这是你的"责任"。

(二)品质意识普及宣传的方法

1. 有关品质及品管的标语

从一般的作业人员中选出优秀者并给予奖励。进行奖励虽然是小事,但一定要实施。至于品质方面,必须正式对工厂内外提出"品质口号"。某工厂宣传标语如图5-1所示。

图5-1 某工厂宣传标语

2.发行"新闻刊物"

设置像公司报道或新闻那样的品管栏或发行品管特集等杂志。这些刊物要能够让一般的工作人员都可以自由投稿。

3.图示资料

除了定期的"新闻"之外,分发附有插图或漫画的小册子。这些资料可以在进行教育的时候分发,也可在工厂入口的地方将这些宣传资料与安全关系的小册子放在一起,让员工自由取阅。

图5-2 某工厂质量管理推进活动看板

4.展示会、展览会的举办

用简单易懂的图形展示不良品及其发生的原因、对策及因不良而引起的损害等,让一般的员工参阅。同时也可用图形或工具等形象、生动地描述出品管的概念、改善的想法,见图5-2。

5.展示或广播

展示海报或直方图、柏拉图曲线图、管制图等。除了在工厂里广播有关安全等事项外,还要广播有关品管的标语与简单的注意事项。

批次合格率如图5-3所示。

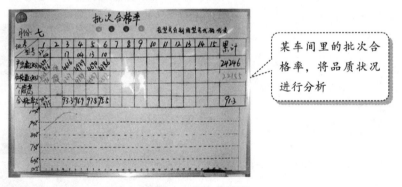

某车间里的批次合格率,将品质状况进行分析

图5-3 批次合格率

6.演讲会、大会、发表会及其他的相关会议

在工厂里很少有机会从演讲会或研讨会上听取专家的见解,尤其是工厂现场的工作人员几乎没有机会参与这类发表会,像这类的发表会有必要就同样题目、同样内容反复进行。可以用电影、幻灯片、录像带、现场实验等形式来引起员工的兴趣,帮助其了解相关内容。

7.品管实施的比赛汇报会

接受过教育的生产现场管理人员,必须就自己作业范围内的管理改善实绩举行比赛汇报会。这时应让他们提出自己在规定期间内所达成的效果的报告,然后审查其效果,对业绩优良的进行奖励。

某工厂的品质管理看板和竞赛看板如图5-4所示。

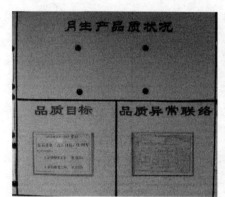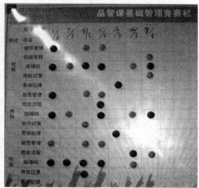

图5-4 某工厂的品质管理看板和竞赛看板

二、将质量与生产人员的绩效挂钩

许多现场生产人员总觉得质量是品管部门的事,好像与自己没有关系,其实,品质是制造出来的,为了让现场的生产人员真正地把质量放在心上,有必要将品质与绩效挂钩,通俗地讲,也就是工资与品质挂钩。品质高,工资收入也相应会高;品质低,则收入也会降低。而要做到这一点,就必须进行品质绩效考核,事先制定质量奖惩制度,并让所有员工都了解。可通过会议传达、板报张贴等方式让员工知道什么事情怎么做,标准是怎样的,如果没达到标准会有哪些后果等。

以下节选的是某工厂关于生产现场质量的奖惩制度,该制度严格规定了生产现场中与质量有关事项的绩效标准和未达到标准的惩罚标准,供大家在实际管理中运用。

现场质量奖惩标准

1.生产工艺和操作指导由产品工程师负责起草并发放至车间,设备的操作指导由设备部负责起草并发放至车间,缺少相关指导一份扣罚责任人20元。

2. 操作者按生产计划填写"现品票","现品票"填写应字迹清晰、内容正确完整,对不符合者每次扣罚20元。

3. 生产开始前操作者必须按要求对设备进行点检,确认设备完好后方可开始生产,点检表应填写完整,内容正确、字迹清晰;如发现设备异常,须立即填写设备维修申请单上报厂长/设备管理员,同时在点检表中标注异常情况。未按要求进行点检每次扣罚相应操作者20元,设备带病作业每次扣罚50元,记录填写不符合者每次扣罚10元。

4. 操作者在生产过程中应严格按工艺要求和设备操作指导书进行生产,并将过程、产品数据填入相应记录单。不按工艺要求进行生产者每次扣罚50元;未按要求记录过程、产品数据者,每次扣罚50元;记录填写不清晰、不完整者,每次扣罚20元。

5. 生产过程中操作者须对产品进行自检并将检验数据填入相应流转单,未按要求记录过程数据者,每次扣罚20元。生产过程中操作者须将发现的不合格品及时上报直接主管/检验员进行登记、隔离、标示和处置,对隐瞒不报者,每次扣罚20元;导致不合格品流入下道工序者,每次扣罚50~100元。

6. 操作者生产过程中应按要求使用相关生产工装器具、防护工具和带有合格标志的材料,确保产品质量,不按要求使用工装器具和材料者每次扣罚20元,造成质量损失者酌情扣罚50~200元,同时扣罚其直接主管200元。

7. 车间检验员按要求对过程进行巡检并记录检验数据,未执行或未记录检验数据者,每次扣罚20元;巡检发现不合格品,操作者应根据评审结果及时进行处理,发现以次充好、以废充好现象,一次罚款50元。

8. 对生产完毕的半成品、成品,须经检验员抽检,抽检合格后检验员在流转单上签合格章,产品随流转单一起转入下道工序;未向检验员报检而转入下道工序,每次扣罚直接责任人50元。产品不合格需特采者,须经品管部经理和技术中心主任签字确认,产品不合格未经特采而转入下道工序者,扣罚相关操作者50~100元,同时扣罚其直接主管100~200元;对已检验合格的半成品在下道工序发现批量不合格,经确认属本工厂责任者,每次扣罚工厂检验员50~100元,扣罚厂长100~200元。

9. 生产过程中操作者须保持材料或半成品标志清晰、完整,检验试验状态明确,确保不接受、不传递无标志或状态不明确的材料或半成品。对不按上述要求执行者,每次扣罚50元。

10. 操作完毕后,应对现场进行清理,确保现场整洁有序,设备完好。现场未用完的材料应及时放入相应的库位,产成品用相应的周转工具移入储存区进行停放,并做好标志和防护,流转单交由仓库保管员整理存档。现场杂乱、不整洁者,每次扣罚直接责任人20元;不按规定存放或标志材料/半成品者,每次扣罚直接责任人50元。工厂内设有仓库的,仓库保管员每次发出材料前需对材料建立完整的标志(材料名称、生产日期、检验状态),否则可拒收,发至工厂的材料无标志,每次分别扣罚工厂领料员和仓库保管员50元。导致误用造成质量损失的由工厂领料人和仓库保管员各承担50%损失,同时扣罚每人100元,扣罚其直接主管200~500元。

11. 工厂内的材料、半成品、成品要按规定进行存放,摆放整齐,轻拿轻放,避免碰撞损伤表面,不按规定存放者,扣罚相关责任人50元;发现表面损伤的半成品、成品需由检验员登记,返工后流入下道工序或入库;发现因过程防护不当导致产品缺陷者,每次扣罚相关责任人20元;因不按规定摆放、用错材料者,扣罚相关责任人50元。

12. 生产现场需保持整洁、有序;设备、工具、模具完好无损,摆放整齐,档案完整;现场使用作业指导书、工艺文件完整、有效;现场所用材料、半成品均需放入相应区域且区域标志显著、清晰;定置定位管理有效;发现一处不符合扣罚车间主任50元。

13. 操作者一个月内同一质量问题重复发生三次,其直接主管必须被扣罚,扣罚金额为操作者累计被扣罚金额的2倍。

14. 当月工厂PPM值超过目标值,按超出率(每超出10%考核100元)对本工厂进行扣罚,计算方式:(当月PPM值-目标值)÷目标值×100%,扣罚金额最大不超过2000元。

15. 发现有质量问题时,要根据相关程序及作业标准做出及时处理,每延期一天对相关责任人扣罚50元。

三、严格执行"三不原则"

"不接受不合格品、不制造不合格品、不流出不合格品"的"三不原则"是许多企业的品质方针、品质目标或宣传口号。因为"三不原则"是品质保证的原则,所以一定要严格实施。某工厂的"三不原则"宣传标语见图5-5。

图5-5 某工厂的"三不原则"宣传标语

"三不原则"的实施使每一个岗位、每一个员工都建立起"生产出使自己和客户都满意的产品"的信念,一根无形的质量链贯穿于生产的全过程,制约着每个操作者,使流程的各个环节始终处于良好的受控状态,进入有序的良性循环,通过全体员工优良的工作质量从而保证了产品的质量。

(一)"三不原则"的基本做法

1. 不接受不合格品

不接受不合格品是指员工在生产加工之前,先对前道传递的产品按规定检查其是否合格,一旦发现问题则有权拒绝接受,并及时反馈到前道工序。前道工序人员需要马上停止加工,追查原因,采取措施,使品质问题得以及时发现、及时纠正,并避免不合格品的继续加工所造成的浪费。

2. 不制造不合格品

不制造不合格品是指接受前道的合格品后,在本岗位加工时严格执行作业规范,确保产品的加工质量。对作业前的检查、确认等准备工作做得充分到位;对作业中的过程状况随时留意,避免或及早发现异常,减少产生不合格品的概率。准备充分并在过程中得到确认是不制造不合格品的关键。只有不产生不良品,才能使得不流出和不接受不良品变为可能。

3. 不流出不合格品

不流出不合格品是指员工完成本工序加工,需检查确认产品质量,一旦发现不良品,必须及时停机,将不良品在本工序截下,在本工序内完成不良品处置并采取防止措施。本道工序应保证传递的是合格产品,否则会被下道"客户"拒收。

每个员工必须对本工序的产品何为"合格""不合格"以及"异常"的三种状况界定得非常清楚明确。知道标准化作业是制造合格品的关键,同时还必须知道制造不合格品的原因,这样就可知道避免产生不合格品的措施,并进一步去认真落实这些预防措施,执行标准作业。

(二)"三不原则"的实施要点

"三不原则"是生产现场品质保证的一个运行体系,在实施过程中需注意以下要点。

1. 谁制造谁负责

一旦产品设计开发结束,工艺参数流程明确,则产品的质量波动就是制造过程的问题。每个人的质量责任从接受上道工序合格产品开始,规范作业确保本道工序的产品质量符合要求是员工最大的任务。一旦在本道工序发现不良或接收到后道工序反馈的不良后,该人员必须立即停止生产,调查原因,采取对策,对产品的质量负责到底。

2. 谁制造谁检查

产品的生产者,同时也是产品的检查者,产品的检查只是生产过程的一个环节。通过检查,确认生产合格,才能确保合格产品流入下道工序。通过自身检查,作业人员可以对本工序加工产品的状态了解得更清楚,从而有利于员工不断提升加工水平,提高产品质量。

3. 作业标准化

产品从设计开发、设定工艺参数开始,就要对所有的作业流程中的作业步骤、作业细节进行规范化、标准化,并使其不断完善。每一个员工也必须严格执行标准化作业。标准化是该工序最佳的作业方法,是保证产品质量一致性的唯一途径,否则制造很不良品却找不到不良的根本原因,这个时候"三不原则"只能制造混乱,而不是保证品质。

4. 全数检查

所有产品、所有工序无论采取什么形式都必须由操作者实施全数检查。

5. 工序内检查

质量是作业人员制造出来的,如果安排另外的检查人员在工序外对产品进行检查或修理,既会造成浪费,也不能提高作业人员的责任感,反而会姑息作业人员对其产品质量的漠视。

6. 不良停产

在工序内一旦发现不良，操作者有权利也有责任立即停止生产，并及时采取调查对策活动。

7. 现时处理

在生产过程中，产生不合格品时，作业人员必须从生产状态转变到调查处理状态，马上停止作业并针对产生不良品的人、机、料、法、环等现场要素及时确认，调查造成不良的"真正元凶"并及时处理。

8. 不良曝光

在生产过程中出现的任何不良，必定有其内在的原因，只有真正解决了发生不良的每个原因，才能控制制造不合格品，实现零缺点，才能让客户真正满意。因此，对于发生的不良，不仅作业人员要知道，还必须让管理层知道，让质量保证的人员知道，让设计开发的人员知道，大家一起认真分析对策，并改善作业标准，而不是简单地由作业人员对不合格品自行返工或报废。否则，下一次还会发生同样的问题。

9. 防错

产品的质量不能够完全依赖于操作者的责任心来保证，很多人都会有情绪，会有惰性，会有侥幸心理，会受一些意外因素的干扰，从而使产品质量出现波动。因此，必须尽可能科学合理地设计使用防错装置来防止疏忽。同时在现场管理中，认真进行细节管理，尽量把工作做在前面，周全的计划，充分的准备，事先的预防，减少各种差异变动，把品质控制在要求的范围内。

10. 管理支持

作业人员承担产品的品质责任，但产品出现不良，管理层应该承担更多的责任，因为现场管理者的职责就是帮助员工解决问题。当员工发现问题并报告问题后，作为现场主管应第一时间出现在现场，一起调查并处理问题。对于不良品，若只是轻率地推卸责任给作业人员，不仅不能彻底解决不合格品的产生，而且易造成管理层与员工之间的对立。所以，若要对员工进行指导，事先预防问题的产生，和员工共同分析问题、调查解决问题，就必须配备员工所需的资源设施，必须帮助员工解除生活、工作上的后顾之忧。总之，现场主管只有做好员工的坚强后盾，"三不原则"才能真正在生产中落实。

四、首件一定要检验

首件是指制造单位各工程加工生产的产品，经自我调试确认，判定符合要求后，拟进行批量生产前的第一个（台）产品（半成品、成品）。

首件检验是在生产开始时（上班或换班）或工序因素调整后（换人、换料、换活、换工装、调整设备等）对制造的第一件或前几件产品进行的检验。其目的是尽早发现生产过程中影响产品质量的系统因素，防止产品成批报废。首件检验的原理如图5-6所示。

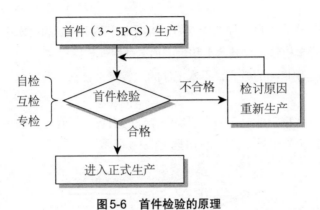

图5-6　首件检验的原理

（一）首件检验责任人

首件检验由操作者、检验员共同进行。操作者首先进行自检，合格后送检验员专检。

（二）首件检验的时机/场合

① 每个工作班开始。
② 更换操作者。
③ 更换或调整设备、工艺装备（包括刀具更换或刃磨）。
④ 更改技术条件、工艺方法和工艺参数（如粗糙度要求变更、内孔铰孔更改为镗孔、数控程序中走刀量或转速等的改变）。
⑤ 采用新材料或材料代用后（如加工过程中材料变更等）。
⑥ 更换或重新化验槽液等（如磷化、氮化等）。

（三）首件检验的主要项目

① 查对工艺卡片或过程卡片与工作票是否相符。
② 查对所用的工、夹、刃、量具与工艺规定是否相符。
③ 查对加工所使用的切削用量是否符合规定。
④ 首件产品加工出来后的实际品质特征是否符合图纸或技术文件所规定的要求。

（四）首件检验的要求

首件检验采用三检制：自检、互检及专检。

三检制：送检的产品必须先由操作人员进行"自检"，然后再由班组长或同事进行"互检"，最后由检验员"专检"，确定合格后方可继续加工后续产品。

1. 自检

自检就是操作者对自己加工的产品，根据工序品质控制的技术标准自行检验。自检的最显著特点是检验工作基本上和生产加工过程同步进行。

自检是指运用目测的方式，看本工序的内容是否合格。若合格则继续下去，不合格则立即返工。

操作人员在实施自检时，一定要确保作业的内容全部到位，如果需要标记则在确认无误后打上规定的记号。自检的原理如图5-7所示。

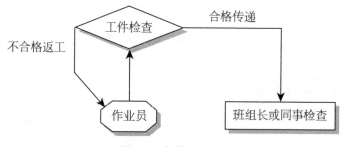

图5-7　自检的原理

自检进一步可发展为"三自检制"，即操作者"自检、自分、自记"，具体如图5-8所示。

项目	责任者	职能	管理内容	确认者	评议
操作者	自检		首件自检（换刀、设备修理）	检验员	检验员
			中间自检（按频次规定执行）	班长	班长
			定量自检（班组实测）	检验员	品管员
	自分		不良品自分、自隔离、待处理	班长	车间主管
	自记		填写三检卡	品管员	品质部
			检查各票证、签字	检验员	

图5-8　三自检制

2.互检

互检是班组长或下一道工序的作业者,运用目检的方式,确认首件产品是否合格,合格则开始作业,不合格则反馈或放在一边。确认后有时有必要在操作合格的作业上做"合格"标记,其原理如图5-9所示。

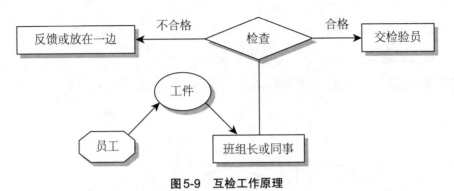

图5-9 互检工作原理

3.专检

专检是指专门设立的检验工位,如QC、FQC、IPQC等进行检验。

首件检验后是否合格,最后应得到专职检验人员的认可,检验员对检验合格的首件产品,应打上规定的标记,并保持到本班或一批产品加工完了为止(所有首件产品必须留样,留作后续产品对比之用,看过程是否发生变化,并用记号笔标记"√"以示通过首件检验)。

首件检验不合格,需查明原因、采取措施,排除故障后重新进行加工、进行三检,直到合格后才可以定为首件。

(五)首检的注意点

1.注意检测手法

检测产品的时候,检测方式、方法、部位都需要标准化,如图5-10所示。

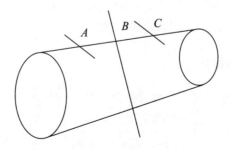

图5-10 检测手法示意

从图5-10中知道,图上有三点:A、B、C。如果要检测产品×××的直径大小,到底检测哪一点呢?有人会检测A点,也有人会检测B点。检测A点与检测B点的结果必定不一样。如果产品是以B点为标准,却检测的是A点,就会判定产品不合格。这种检测产品的方法显然是错误的。

所以,为了保证产品检测的准确性,只能在检测前设定标准,并规定B点为标准,检测的时候才能只检测B点。

2. 注意检测工具

如果检测工具失灵了,其检测的结果也会是错误的,如图5-11所示。

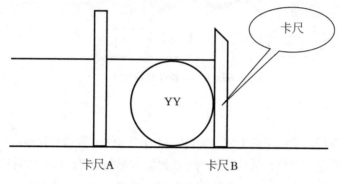

图5-11　检测工具示意

在生产现场,常出现这样的情况,例如有两个品管对产品YY进行检验,一个用卡尺A进行测量,一个用卡尺B进行测量,结果发现检测的结果不一样:一个显示合格;一个显示不合格。到底是什么原因呢?除了上面分析的检测方式可能不一样之外,还有另一种情况,可能是其中一个卡尺存在误差。

所以,在检测前,保证检测工具的精确是非常重要的。

五、换线质量控制

换线的实质是在一个短时间内变更体制,因为忙乱的原因,导致质量问题发生较多。以下以组装生产线的切换控制为例来说明。

(一)切换的标志警示

作为流水线生产,把某个产品全部生产完毕,然后停下整条流水线,再布置另外一种产品的生产,称为休克式切换法。这种方式非常"稳妥",但浪费了时间,降低了效率。较好的方法是不停线切换方式,也就是在第一件切换产品上标示"产品切换"的字样,那么这件产品往下道工序传递的过程中谁都知道它与前面的产品有不

同，从而用不同的方法来处理。

（二）首件确认

首件确认是指对切换后生产下来的第一件产品的形状、外观、参数、规格、性能、相异点进行全面的确认，确认可以是质检人员，也可以是工艺人员或者班组长。首件确认是最重要的确认工作，可以发现一些致命的批量性缺陷，如零部件用错等问题，所以要特别认真。

（三）不用品的撤离标志

首件确认合格后，意味着切换成功，可以连续地生产下去。但是对撤换下来的物料不可轻视，一定要根据使用频率进行安排放置（表5-1）。

表5-1 不用品的安排放置

序号	使用频率	放置场所
1	当天还要使用的	生产线附近的暂放区
2	三天内使用的	生产线存放区
3	一周内使用的	仓库的暂放区
4	一个月内使用的	重新入库，下次优先使用
5	一个月以上使用的	重新包装后入库

六、样品管理需做好

在现场作业过程中，现场主管对于产品样品的管理可从以下方面进行。

（一）提供样品

"又要返工，有没有弄错？""不是选过了么？怎么又要选？"

"班长，你说说，到底要我们怎么选？我们就是按照你说的做的啊！怎么又有问题，我们不能总这样啊！"员工小A、小B、小C等人在连续几天加班之后一听说又要加班，一时间炸开了锅。"我们这次拿来的样品有问题，检验部说我们的弹簧弯曲角度太小，不符合要求。技术部那边给的样品是下限，而我们是把它当成中心样品来选别的，有些比这个角度还小的也在里面了，所以一定要把那一部分给找出来，大家再辛苦一下吧，晚上我请吃夜宵了。"一听班长这席话，大家也只好闷下头来干活。

图5-12 不良品的展示样板

由此可见,对于现场作业的员工而言,如果主管只是给员工一个文件告诉他要怎样做,要注意什么、可以做什么等,可能都不如直接给员工样品那样直观(图5-12)。所以,只要将产品的上下限的样品给了员工,让员工进行自主判定,就能够很好地将操作的差异控制在产品质量所要求的范围之内了。

(二)提供样品上限、下限

许多时候,如果只给员工一个样品,但是却不告诉他们样品本身的等级,员工在选择的时候则可能会根据自己的判断来对产品进行加工。由于性别、性格、年龄、受教育程度、生活习惯、生活水平的差异,每个员工对产品判断的标准是不一样的。如果只有一个样品时,员工就会以自己的主观判断为标准,在样品线上下浮动,以至于有的低于样品的标准,使得不合格的产品落入合格品中,而有的则由于选择的标准太严,而令一些合格品被当成是不合格品白白地浪费掉了。

产品外观质量界限样本标示如图5-13所示。

某工厂将其产品的外观质量界限样本图贴在墙上

图5-13 产品外观质量界限样本标示

(三)注意中途的变化

现场主管还需要注意的是要在中途时进行多次确认,如果只是起初确认合格,不等于全程都是对的,因为随着记忆的淡化,追加工的标准又会发生变化。

（四）样品要保管好

样品也有保质期，随着时间的变化，样品也会发生变化，因此在生产过程中，现场主管一定要保持样品的原样。比如，平常要将样品按照规定的要求进行保存，否则样品的颜色或性能一旦发生变化，最后的不利影响将是巨大的。从保证产品质量这一点来看，对样品的保管也是一个非常重要的内容。

主管老杨："小明，这批产品今天被检验部那边给打了回来，你过来看看，怎么这批产品的颜色比前几批产品的颜色深这么多。"

小明："好像是哦，但我们也是照着样品来做的。"说着，就去拿样品过来给老杨看。对比了一下，确实是和样品一样，但还是感觉不太对劲。于是他们到仓库翻出存放好的产品。对比之下发现样品与前几批的颜色真的不一样，变得深了。经过一翻了解，问题根源在于样品平时没有保管好，被日光腐蚀，才变成现在这个样。

七、把握好现场变化点

事物每一天都在以某种方式发生变化。变化点管理是现场管理中的重要内容，其目的是预见性地发现问题，在事故、故障和损失出现之前即采取主动性的改善行动。把握现场变化点一般是从4M1E开始的。

在生产加工中，对同一工序、由同一操作者、使用同一种材料、操作同一设备、按照同一标准与工艺方法、加工出来的同一种零件，其品质特性值不一定完全一样。这就是产品品质的波动现象，而引起这种品质波动现象的主要因素是人员（Man）、机器（Machine）、材料（Material）、方法（Method）和环境（Environment），简称为4M1E。

4M变更是指在生产过程中给品质带来一定影响的异常变更。包括人——操作者、机——工装设备、料——材料、法——工艺方法，是生产过程中最基本的要素，如果这四个要素是稳定的，那么最终生产出来的产品品质也是稳定的，但这只是一个理想的状态。在实际工作中，人员、机器、材料、方法经常在变化，最终结果也随之变化，对其变更的管理就是通过控制这些变化，使结果在允许的范围内变动。

（一）变更的原因

① 操作者的变更。操作者因缺勤、调动、离职，由一个操作者变为另一个操作者进行作业时，所产生的变更。

② 工装夹具的变更。工装夹具由于临时替用、增加而对品质可能有影响时的

变更。

③ 材料、辅料的变更。工厂因客户要求而对图纸规定的零部件、装配用的辅料而产生的变更。

④ 工艺方法的变更。工艺方法发生变更时，车间更改作业指导书，并培训操作者掌握变更内容。

（二）变更处理方法

现场主管将变更的内容填入"变更申请书"（表5-2）交车间主任签字后送到品管部，由品管部经理确定品质方面需确认的内容。变更发生单位及相关部门收到品管部发送的"变更申请书"后，按要求实施变更。

表5-2 变更申请书

编号：			制作：		确认：	
发生班组填写	变更类别：		发生区域：		数量：	
	组件名：		组件编码：		变更时间：	
	变更理由：					
	变更事项：					
	序号	工位	变更内容（含规格值）			备注
制成：				确认：		
品管部填写	序号	实施区	项目内容（含规格值）		测量（手法）	确认数量

1. 作业人员变更的处理方法

作业人员变更应按"作业指导书"要求安排员工培训，现场主管每两个小时进行产品品质确认，直至培训合格为止。

2. 工装夹具变更的处理方法

在实施过程中，要确认用工装夹具控制的首件产品品质是否合格，如果不合格，则要求相关部门停止生产并重新检查该工装夹具的有效性。工装夹具变更后，装配出来的首件产品经技术人员确认合格，应由质检员进行小批量生产的复检，确认品质合格后方可进行大批量生产。

3. 材料变更的处理方法

物料设计变更指由于设计、生产、品质使用等因素需对产品发生规格、型号、物料、颜色、功能等的变更。发生设计变更时，处理程序一般如下。

① 技术部根据客户或产品的要求，制成"设计变更通知书"给相关部门。

② 现场主管收到"设计变更通知书"后，负责零件检查规格书和成品检查规格书、工程内检查指导书、作业指导书的修订。必要时修订并调整工艺流程。

4. 设计变更实施

① 首批设计变更零件由现场主管根据图纸对设计变更内容进行全面确认，并做设计变更标志，通知相关人员。

② 装配时，由工艺人员与现场主管共同对其设计变更后的组装性能进行确认，做好详细记录。

③ 实施过程中如果出现异常，应通知技术部门、研发部门解析原因，并决定对策（必要时联络客户共商对策）。

④ 对于实施日期、批量有要求的应该严格按照要求的实施日开始进行设计变更。

5. 旧零件处置

① 可使用的旧零件。根据旧零件的在库存数量安排生产，确保旧零件优先使用。

② 追加工后可以使用的旧零件。工厂内追加工由工艺技术人员指示追加工方法，必要时制定上下限判定样本。当零件追加工完成后，一定要重新检验合格后才做入库处理，追加工记录和再检记录要予以保存。

③ 不可使用的旧零件。做好隔离和标志，按工厂规定的程序实施报废。

6. 作业方法变更的处理方法

作业方法变更时则应修改作业指导书，并指导员工按新的作业方法进行作业，处理发生的异常，直到员工熟练为止。

（三）变更后产品品质的确认

各部门按照"变更申请书"的确认内容进行品质确认，结果记录在"变更确认表"中，最后返回品管部存档。

八、把后道工序当客户

"班长,这活我不想干了,三班太欺负人了!"清早一上班,一班的小海就开着叉车气呼呼地找到本班班长刘×哭丧着脸说。

"什么事啊?把你气成这样,说来听听!"

"还是上次那事,这回我们班送过去的材料他们又说有问题,说是我们产品里面的粉尘太多,容易对他们的机器形成磨损,而且嫌我们的东西毛边太多。之前你说不用管的,我就直接给他们送过去了,谁知道他们竟然要我们给拉回来,说要我们清理完之后再给他们,否则就不收货。你说他们不收货也就算了,那几个家伙还在那里臊我,说我们再这样下去的话他们就找老板投诉了,你说让我怎么做?"

其实,这就是典型的上道工序的工作没有做好。上道工序没有及时了解下道工序的需求,导致下道工序产生不满,让班组员工返工、加班,使人力成本增加,最后造成各部门之间的情绪放大,给工厂财产造成浪费。因此,为了更好地发挥班组各自的效用,现场主管应让员工树立把下道工序当客户的意识,这样不仅让员工具有合作精神,使工厂内建立和谐的人际关系,而且也可让员工将保证工厂产品品质、成本、交货期当成自己分内的工作去做,使各个部门工作环环相扣。那如何才能让员工树立"后道工序是客户的意识"呢?现场主管可从以下几个方面入手。

① 每一道工序的成员都应该熟悉自己本工序所负责的工作内容和责任范围。如果存在一些"灰色区域",则需要现场主管与后道工序负责人员共同协商,以明确界定双方的责任和义务。

② 教育员工经常站在后道工序即消费者的角度来思考问题,做好本工序工作。

③ 现场主管或员工都应多了解后道工序的操作程序,比如找后道工序要几个样品,以了解自己的成品是用在其中的哪一个环节或位置。

④ 建立与后道工序的联络方式,有需要时可以建立窗口连接。

⑤ 及时向后道工序和前道工序反馈相应的信息。

⑥ 设置检查的样品,以便于随时查询。

⑦ 自己在工作中或工作后随时进行自我检查,以便于即时改善。

九、现场不良品控制

不良品是指一个产品单位上含有一个或一个以上的缺点。生产现场若要进行不良品控制,现场主管则应从了解以下方面的内容着手进行。

（一）分析不良品产生的原因

不良品是工厂不愿看到的，但又是很难避免的，因此在生产过程中应切实分析不良品产生的原因，找出主要影响，这样才能在生产作业中规避并实施改进措施。

（二）做好不良品的隔离

生产现场对于不良品实施隔离可达到以下几个目的：确保不良品不被误用，最大限度地利用物料，明确品质责任，便于品质事项原因的分析。具体做法如下。

① 在各生产现场（制造、装配或包装）的每台机器或拉台的每个工位旁边，均应配有专用的不良品箱或袋，以便用来收集生产中产生的不良品。

② 在各生产现场（制造、装配或包装）的每台机器或拉台的每个工位旁边，要专门划出一个专用区域用来摆放不良品箱或袋，该区域即为"不良品暂放区"。

③ 各生产现场和楼层要规划出一定面积的"不良品摆放区"用来摆放从生产线上收集来的不良品。

所有的"不良品摆放区"均要用有色油漆进行画线和文字注明，区域面积的大小视该单位产生不良品的数量而定。

不合格/不良品标示如图5-14所示。

图5-14　不合格/不良品标示

（三）不良品区域管制

① 不良品区内的货物，在没有品质部的书面处理通知时，任何部门或个人不得擅自处理或运用不良品。

② 不良品的处理必须要由品管部监督进行。

（四）不良品的处置

不良品经过评审后就要对其进行处理，不同的不良品其处理方法也是不同的。这里主要介绍生产现场不良品的处置。

1.明确相关责任人的职责

对于生产线上的不良品，首先应明确相关责任人的职责（图5-15）。

作业人员

通常情况下，对作业中出现的不良品，作业人员（检查人员）在按检查基准判明为不良品后，一定要将不良品按不良内容区分放入红色不良品盒中，以便现场主管做不良品分类和不良品处理

现场主管

现场主管应每两小时一次对生产线出现的不良品情况进行巡查，并将各作业人员工位处的不良品，按不良内容区分收回进行确认。然后，对每个工位作业人员的不良判定的准确性进行确认

图5-15 现场不良品责任人的职责

2.对当日内的不良品进行分类

对当日内的不良品进行分类即当一天工作结束后，现场主管应对当日内生产出的不良品进行分类。

对某一项（或几项）不良较多的不良内容，或者是那些突发的不良项目进行分析（不明白的要报告上司求得支援），查明其原因，拿出一些初步的解决方法，并在次日的工作中实施。

若没有好的对策或者不明白为什么会出现这类不良时，要将其作为问题解决的重点，在次日的品质会议上提出（或报告上司），从而通过他人以及上司（技术人员、专业人员）进行讨论，从各种角度分析、研究，最终制定一些对策并加以实施，然后确认其效果。

3.不良品的记录及放置

当日的不良品，包括一些用作研究（样品）的或被分解报废等所有不良品都要在当日注册登录在现场主管的每日不良品隔离管制统计表上（表5-3），然后将不良品放置到指定的不良品放置场所内。

表5-3 不良品隔离管制统计表

生产部门/班组： 　　　　　　　　　　　　　　　　　　　　 日期：

品名/规格	颜色	编号	工位	不良品变动			区编号	备注
				进	出	存		

生产部门：　　　　　　　　　　　　　　　　　QC：

第六章

C——现场Cost(成本)控制

导读

现场成本控制是产品制造过程中对物资消耗、劳动消耗和各种费用支出的控制,它是企业成本控制的组成部分。其目的是通过科学地组织和管理产品制造过程,运用各种降低成本的方法,在保证完成生产任务的前提下,实现成本控制的目标。

学习目标

1. 了解现场成本控制的内容有哪些,掌握现场成本信息的反馈渠道、方法。
2. 掌握现场成本控制的措施,如现场材料消耗的控制、现场水电气等能源的降低、严格控制加班费等的操作步骤、方法和细节。

学习指引

序号	学习内容	时间安排	期望目标	未达目标的改善
1	现场成本控制的内容			
2	现场成本信息的反馈			
3	现场材料消耗的控制			
4	现场水电气等能源的降低			
5	严格控制加班费			

一、现场成本控制的内容

（一）控制生产过程中人力资源的消耗

对人力资源的消耗，要控制定员、劳动定额、出勤率、加班加点等。要及时发现和解决人员安排不合理、派工不恰当、生产时紧时松、窝工、停工等问题。

（二）控制生产过程中各种物质资源的消耗

包括各种原材料、辅料和机具的消耗。控制材料消耗应从以下方面着手。

① 在领取、入库出库、投料用料、补料退料和废料回收等环节上严格管理，坚持按定额用料，加强计量检测，及时发现和解决用料不节约、出入库不计量、生产中超定额用料和废品率高等问题。

② 大力推广先进用料和代用、综合利用等方法。

③ 机具的使用应选择恰当、运用合理、提高利用率，坚持按操作规程使用、定期维护保养、以旧换新等制度。

（三）控制生产经营活动中的各种费用开支

要从数量上以及开支的用途、时间、作用上进行控制，使各种费用在最有利的时机开支，并符合规定，取得最大效果。同时要建立费用开支的审批制度。

二、现场成本信息的反馈

生产现场成本控制需要的主要信息有：生产费用预算和产品成本计划资料、分解后的现场成本控制目标、产品物资消耗和能源消耗定额资料、产品劳动消耗定额资料、生产作业计划、材料的领料凭证、劳动工时记录、产品交换单、废品单、内部结算凭证以及对脱离成本控制目标进行处理的记录等。信息反馈，就是把成本控制目标、标准作用于被控制对象后，再把与成本控制目标相对应的实际情况（信息）反馈回控制者，便控制者采取措施进行调整。成本控制中反馈的形式多种多样，有报表、图表、书面报告、口头报告等，下面是几种具体形式。

（一）投入产出日报表

此表适用于生产现场"独立核算"单位，主要用来反映在制品资金占用和成本的变动情况以及实际成本与目标成本的偏差。

（二）限额领料卡

此卡主要反映原材料领用和超计划领料情况。

（三）人工费用卡

此卡主要反映人工费用开支情况。

（四）费用限额卡

此卡主要反映限额的执行情况；必要时，可按费用项目分设，以便实行专项控制。

（五）废品率变动分析

此卡主要反映废品的变动情况。可按品种设置，亦可按类别设置。

（六）日成本图

此图根据投入产出报表绘制，主要显示日成本情况。

（七）累计成本图

此图也根据投入产出报表绘制，主要显示累计成本情况。

（八）日成本偏差

此图也根据投入产出报表绘制，主要显示每日成本偏差情况。

（九）累计成本偏差

此图亦根据投入产出日报表绘制，主要是显示累计成本偏差情况。

三、现场材料消耗的控制

（一）定额领料

即严格根据生产通知单、物料BOM清单的信息计算所需物料，填写领料单，在生产现场中对物料的发放、存储、退库等工作加以控制，尤其是对退料补货及超领等加以限制，必须有相关责任人签字方可以办理手续。

（二）以旧换新

为杜绝浪费、控制生产成本，要特别加强消耗品的使用管理，提高消耗品的有效使用效率，为此，可以采取以旧换新的方法来加以控制。而为使以旧换新能更好地执行，最好制定以旧换新制度，确定以旧换新的物品范围、责任人员、标准、工作流程及不执行的处罚规定。同时，可以将以旧换新品项明细用看板的形式公示出来。

消耗品以旧换新制度

1. 目的

规范公司消耗品请购、领用及使用状况具体化、明确化，提高消耗品有效使用率，减少库存，降低消耗品使用成本。

2. 适用范围

公司各部门所使用的消耗品均属之。

3. 权责

3.1 各使用部门

3.1.1 负责对本部门消耗品需求用量及明细进行统计，填写每月总工务用品预算表。

3.1.2 负责本部门消耗品领用及发放、记录工作。

3.1.3 负责本部门消耗品、以旧换新物品回收及更换作业。

3.2 总工务采购

3.2.1 对各部门总工务用品预算表及费用进行汇总、统计。

3.2.2 对每月各部门领用消耗品进行合理采购。

3.3 总工务仓

3.3.1 对各部门每月用品预算表的明细、数量进行统计、汇总。

3.3.2 负责对厂商送货进行验收、核对的工作。

3.3.3 负责对各部门总工务用品的发放、账目处理。

3.3.4 负责对以旧换新物品进行更换、核对工作，并将旧物品放入指定的回收区域内。

3.3.5 负责对各部门每月领用物品进行全额统计制表。

3.4 会计

对各部门预算的总工务用品金额与目标金额的审查。

3.5 企划稽查

3.5.1 对各部门消耗品使用状况及以旧换新物品的状况稽查。

3.5.2 对消耗品浪费的异常状况进行追踪、处理。

4. 定义

以旧换新物品：是指日常生产及办公消耗品在使用中或使用后能留下实体或部分配件的物品，其领用时需要将原物品实体回收以更换新物品，包括文具消耗品、计算机耗材类、总务配件/机器零件类等。

5. 内容

5.1 作业流程图：略。

5.2 使用部门进行消耗品的预算统计。

5.2.1 部门助理于每月月底前统计下月总务用品用量，并制作预算表经部门主管签核后交于采购部。

5.2.2 日常消耗品属于以旧换新物品的，均需在预算表中备注栏中注明以旧换新物品。

5.2.3 部门主管在审核时需了解预算物品的价格、数量，确定是否需申购。

5.2.4 属临时急用的物品且预算表中未进行预算的部分，可填写请购单，经部门主管签核后交于采购部，采购部按流程呈报作业。

5.3 预算查核及采购作业

5.3.1 各部门将部门主管审核的预算表交总工务采购进行试算金额。

5.3.2 采购部按预算中各物品单价，汇总各部门预算金额交会计进行审查。

5.3.3 专案部根据各部门年度（季度）预算目标金额确定各部门本月预算费用，若超出目标则退回现场重新预算。

5.3.4 专案部审查符合预算目标内的费用，呈生产中心主管进行核准。

5.3.5 采购部依据核准的各部门预算物品，进行采购作业。

5.4 验收处理

5.4.1 总工务仓管员根据采购单、厂商送货单进行验收作业。

5.4.2 不符合请购单上数量、规格、品牌等项目的送货单进行退货处理，要求厂商重新送货。

5.4.3 部分实物，若总务仓管员无法判定厂商所送物品是否与现场预算物品一致，可通知现队场人员到总务仓进行检验。

5.4.4 总务仓验收以后进行账目处理，并知会请购部门开单领料。

5.5 领料及以旧换新作业

5.5.1 请购部门根据预算表中核准物品及其数量开列"物品领用单"，经部门最高主管核准后，到总务仓进行领料作业。

5.5.1.1 属文具耗材类须经部门主管及总务仓人员确认，方可进行以旧换新。

5.5.1.2 属计算机耗材类须经部门主管及计算机维修人员确认，方可进行以旧换新。

5.5.1.3 属总务配件、机器零件类须经部门主管及机修确认，方可进行以旧换新。

5.5.2 属以旧换新物品，使用部门未将回收物品退回总务仓时，则不予发料。回收物品数量与领料单上领用数量不符时，则依回收物品数量进行发料。

5.5.3 非以旧换新物品按预算表中核准数量发放，以旧换新与非以旧换新物品领用需分开填写"物品领用单"。

5.5.4 总务仓发货时需与预算表的明细进行核对，以免多发或错发其他部门。

5.6 回收的以旧换新品须按《报废管制程序》要求将回收品进行处理。

5.7 专案部将不定时对以旧换新物品进行稽查作业，并对没有按要求进行以旧换新的追踪处理。

（三）修旧利废活动

修旧利废活动是加强企业管理、减少浪费、降低成本费用的有效途径。企业要鼓励各车间自主创新，修旧利废，小改小革，并做好记录。同时，为使这项工作有持续性，要制定相应的实施细则，确定修旧利废管理标准的职责、内容、要求及奖励与考核标准。

他山之石

公司修旧利废管理办法

为加强公司废旧物资管理，逐步降低设备维修物料消耗，结合各生产厂小机修配置情况，特制定修旧利废管理办法。

1. 人员组成

各生产厂由机加工、钳工、电焊工、电工工人，组成修旧利废机修班组。

2. 管理方式

2.1 人员、设施归生产厂统一管理，并负责设备维护、保养以及修旧利废的统计等具体工作。

2.2 机加工设备资源全公司共享使用，各单位必须第一时间完成生产抢修、检修急用加工任务。以修旧利废为日常工作重点，力所能及地制作部分小部件。

2.3 涉及两单位之间需要修复、加工零部件时，各生产厂出具委托加工（修复）单，设备部确认委托单位，各厂相互协作完成设备、备件的修复、加工任务。

3.修旧利废小组的职责范围

3.1 负责本单位更换下来的旧设备、备件的修复、报废鉴定工作。

3.2 负责修旧物品、报废物品的分类登记，汇总上报等工作。

3.3 负责设备抢修时急用零部件的修复和加工工作。

3.4 协助其他单位完成委托修复、加工项目。

3.5 完成公司安排的其他工作。

4.管理与考核

4.1 各生产厂可自行制定内部修旧利废管理制度，并根据公司小机修配置情况，制定必修设备、备件目录。必修目录每三个月补充完善一次。

4.2 凡列入必修目录的设备、备件，若生产厂无能力修理的，必须在下线15天内，报告处理意见。旧件超过15天未安排修理，按设备、备件价值的1%～3%对使用维护单位进行处罚。

4.3 对于技术要求比较高，修旧比较困难或修复具有一定风险的设备、备件，可在修旧前，说明修理方案，节约价值，风险可能造成的损失，提出奖励申请。由设备部认可后，报请公司给予相应的奖励。

4.4 修旧利废节约，暂按各厂备件品消耗总金额的5%进行考核。伴随管理的不断细化，以后适时逐步提高考核定额。

4.5 生产厂每月28日将本单位修旧利废项目及考核情况汇总列表报设备部。对公司节能降耗，减少浪费做出明显贡献者，生产厂应及时总结书面材料，一并报公司给予奖励。

四、现场水电气等能源的降低

（一）开展节能降耗活动

企业可以在全公司范围内开展"节能降耗，从我做起"活动。活动以"从我做起，节约一滴水，节约一度电"为主题，要求广大员工从实际出发，无论是在生产或生活中，都要注意节能降耗，从每个人做起，从身边做起，从点滴做起，从举手之劳做起。

也可以经常开展有关节能的竞赛与评比活动,使之成为一种风气长久保持下去。一个企业的风气对企业的成长与发展至关重要,只有形成一种"人人争节能,以企业为家"的思想,才能时时想到企业的利益,把节能坚持下去。部门内部可以班组之间竞赛,部门之间也可以竞赛;把竞赛作为一种手段,在竞争中激发员工的创造力,使节能降耗达到新的水平。

车间可成立技术革新小组,集思广益,大家想办法。点滴的节约不仅能带来良好的经济效益,同时也能培养每个人的思想道德、品质和精神,也代表一种企业文化,这种美德一旦在企业扎根,将会增加凝聚力和战斗力。

关于节能降耗的宣传标语如图6-1所示。

图6-1　关于节能降耗的宣传标语

(二)运用目视法来管理能耗

1.环保回收、循环再用

① 垃圾分类存放。

② 设立环保纸箱。

③ 申领消耗品、文具等实行以旧换新制度。

环保回收目视管理如图6-2所示。

图6-2　环保回收目视管理

2.减少用水、用电

① 贴出节约用水、用电的提示。
② 将电源开关标上记号,避免开错开关乱用电。
③ 空调设定合适的温度指标和时段。

用水、用电目视管理如图6-3所示。

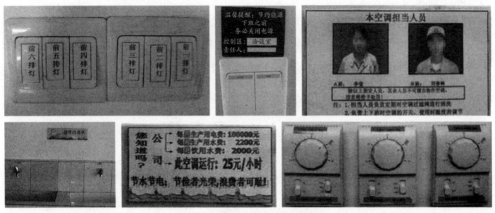

图6-3 用水、用电目视管理

五、严格控制加班费

由于现代企业面临竞争环境的不确定性,客户订单急缓程度不同,生产现场加班情况经常发生,而按照劳动法的规定,加班费是平日工资的2倍或3倍,因而工厂的人工成本就增加许多,要降低人工成本,必须对加班费加以控制。

(一)加班界定

企业应制定《加班管理办法》对必须加班(加点)的情况加以界定。

① 原定工作计划由于非自己主观的原因(即设备故障、临时穿插了其他紧急工作等)而导致不能在原定计划时间内完成却又必须按期交货的(如紧急插单,而原订单也必须按期完成)。
② 临时增加的工作必须在某个既定时间内完成的(如参加展会)。
③ 某些必须在正常工作时间之外也要连续进行的工作(如抢修设备)。
④ 某些限定时间且期限较短的工作(如仓库盘点)。
⑤ 其他公司安排的加班(加点)工作。

(二)加班申请与审批

任何计划加班的部门和员工必须在事前履行申请和审批手续(如有特殊情况事前

来不及办理,也要事后补批,同时有证明人签字)。对申请和审批的权限及流程应予以规定,如下所示。

① 一线操作工的加班(含车间主任)由车间主任提出申请,送生产部经理审批,并交人力资源部备案。

② 公司职能部门普通员工的加班由本人提出申请,送本部门经理审批,并交人力资源部备案。

③ 部门经理加班由本人提出申请,送主管副总经理审批,并交人力资源部备案。

④ 副总经理加班由总经理审批,并交人力资源部备案。

⑤ 所有加班人员一律进行加班考勤,计打加班卡。

(三)确定好加班费的核算基础

加班费数额的多少,一方面取决于加班的时数多少;另一方面则取决于加班费核算的基础,加班费核算的基础不同,加班费总额则完全不一样。为了对员工进行薪酬激励,同时有效控制加班成本,应对员工的工资进行结构设计,最好是一部分为岗位(技能工资),一部分为绩效工资。岗位(技能)工资随岗位(技能)的差别而不同,但是固定的;绩效工资则随个人业绩不同而变化,是浮动的。因为绩效工资是浮动的,体现是绩效水平的差别,事实上是绩效奖金的性质,所以不能以此为依据计算加班费,只能以固定的那部分岗位工资(技能工资)为基础来计算,这样加班费核算的基础变小了,总的加班成本就得到有效控制。以车间主任为例,他岗位工资是2100元/月,绩效工资在考核系数为1时为900元/月,那我们在计算加班费时就以2100元/月为计算的基数,而不是3000元/月。

(四)对加班不定期检查

管理的四要素是计划、组织、领导和控制。没有控制这一环,再好的措施都可能落不到实处。企业一方面要充分相信员工的自觉性,同时也要加强员工的加班管理,保证加班真正能起到应有的作用。所以,应不定期地深入加班现场了解加班的进展情况,督察员工在加班期间保持应有的工作效率,一旦发现有冠加班之名而无加班之实的员工则马上进行处罚,通报全公司,以儆效尤。

第七章

D——现场 Delivey（交货期）管理

导 读

交货期是与客户约定的交付产品的期限。在现场管理中，必须从生产计划、作业控制、交货期保证等方面着手，保证能按期、按量地交货。

学习目标

1. 了解现场 Delivey（交货期）管理的一些具体措施：制订生产计划、协调好生产计划、紧急订单处理、计划延误的补救、处理生产异常、控制生产进度等，掌握各项措施的操作步骤和方法、细节。

2. 掌握缩短交货期、处理好交货期变更、交货期延误的补救等的操作步骤和方法、细节。

学习指引

序号	学习内容	时间安排	期望目标	未达目标的改善
1	制订生产计划			
2	协调好生产计划			
3	紧急订单处理			
4	计划延误的补救			
5	处理生产异常			
6	控制生产进度			
7	缩短交货期			
8	处理好交货期变更			
9	交货期延误的补救			

一、制订生产计划

制订详细、准确的生产计划是保证生产交期和提高生产效率的前提条件。现场管理者要结合生产的实际规模、订单的多少合理安排生产计划。

（一）确定计划生产量

生产量的确定可通过以下公式计算而来。

生产计划量＝该期间销售计划量＋期末产品库存计划量＋期初产品库存量

其中：

销售计划量是以市场需求预测为基础，由销售部门考虑相关因素所计划的量；

期末的产品库存量是为防备下期的需要，而预先准备决定的量；

期初的产品库存量是在该期间之前，已经存在的库存量。

（二）分析生产能力

在拟定计划前，必须对生产能力进行分析，以确定具体的人力、物力分配。

1.分析内容

生产能力分析主要包括以下内容。

① 要生产哪些产品？生产进度是怎样的？生产期限是多久？

② 生产这些产品需要哪些材料？每种材料需要多少（按定额和合理损耗来推算）？如何保证这些材料供应？

③ 生产这些产品对技术有什么要求？目前技术力量能否满足需要？如果不能，如何解决？

④ 生产这些产品需要使用哪些设备？需要多少设备？

⑤ 生产这些产品需要多少人力？现有多少人力？这些人力够不够？如果不够，差多少？怎样解决差的这部分人力？是重新组织，还是补充？

在进行能力分析时，技术、人力和设备负荷分析是重点。

2.技术分析

对技术能力的分析可通过制定一些表格、设定栏目来进行。技术能力分析表见表7-1。

表7-1 技术能力分析表

产品名称	工序	各工序技术要求		现有技术力量		技术差距		解决方法
		人数	水平	人数	水平	人数	水平	
	合计							

3.人力负荷分析

技术人员在上述"技术能力分析"中已经解决,此处仅分析作业人员。

① 计算人力需求。依据生产计划,针对各种产品的数量和作业标准时间,计算出生产每种产品所需的人力,再将各种产品所需的人力加总起来。

② 比较现有人力与实际需要人力,求出差额。具体可通过人力需求计算表(表7-2)进行计算。

表7-2 人力需求计算表

项目\产品名称							合计
① 标准工时							
② 计划产量							
③ 标准总工时							
④ 每人每月工时							
⑤ 人员宽裕率							
⑥ 所需人数							

注:③ = ② × ①。
④ = 每人每月工作天数 × 每人每天工作时数。
⑤ 表示必要的机动人数,以备缺员时可以调剂,一般可定为10% ~ 15%。
⑥ = ③ ÷ ④ ×(1+⑤)。

以下是根据人力需求计算表确定实际需要人力的示例。

【实例】

> 某企业的A产品，其标准工时为720小时，人员每月工作28天，每天工作8小时，假设人员宽裕率为10%，则A产品的人员需求数可计算如下。
>
> 人员需求＝计划生产标准总工时÷（每人每月工作天数×
>
> 每人每天工作时数）×（1+人员宽裕率）
>
> ＝720÷（28×8）×（1+10%）
>
> ＝4（人）
>
> 假如A产品工序现有3人，则需要补充1人。

③ 对于计算出的结果，如果人员需求大于或等于现有人力，则可以按计划生产。如果人手不够，则应申请补充人员或调整负荷（安排加班）。

4.设备负荷分析

人员的数量做好了计划，还必须考虑到机器设备是否能保证生产要求。所以还需对设备负荷进行分析，具体步骤如图7-1所示。

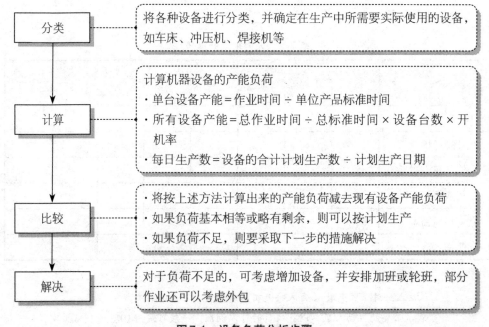

图7-1　设备负荷分析步骤

(三)制订具体计划

在进行相关的人力、设备负荷分析后,就要着手制订具体的计划。根据时间的长短,应分别制作月、周生产计划。日生产计划可由各班组长根据周生产计划制订。

1.月生产计划

月生产计划(表7-3)是根据月销售计划或者月生产交期排程计划来制订。在制订时,必须注意要按时间先后排列,并将同类型产品集中,对于重点客户优先考虑。

表7-3 月度生产计划

制程名称: 月份:

序号	制令号	客户	产品	生产批量	1	2	3	4	5	6	7	8	…	31

2.周生产计划

周生产计划(表7-4)根据月生产计划而制订,对每周的生产任务做好计划。

表7-4 周生产计划

月份:

序号	生产批次	指令单号	品名	计划生产数	计划日程(星期)							备注
					一	二	三	四	五	六	日	

二、协调好生产计划

计划再周密也会有疏漏的地方,再加上生产中有许多变化因素,如果不及时进行协调,妥善处理,会影响正常的交货期。

(一)协调月生产计划与月出货计划

由于物料、人力、机器等各种原因,月出货计划与月生产计划往往不可能完全一致。为确保生产的按时进行,并符合客户的要求,两者应从以下几方面进行协调。

① 出哪些订单:当订单数量超过生产能力时,根据轻重缓急协调出哪些订单。
② 出哪些客户的订货:哪些是重点客户,哪些是一般客户,哪些客户可以协调。
③ 出哪些产品:选择出哪些产品最有利。
④ 产品的数量:产品数量出多少有利于生产的安排。
⑤ 总数量是多少。
⑥ 根据以往的情况,保留适当的时间余地,以利于紧急加单使用。

(二)协调月出货计划与周生产计划

周生产计划是生产的具体执行计划,其准确性应非常高,否则,无充裕的时间进行修正和调整。周生产计划应在月生产计划和周出货计划基础上进行充分协调,应考虑到以下因素。

① 人力负荷是否可以充分支持,不能的话,加班、倒班是否可以解决。
② 机器设备是否准备好,是否能达到预定产能,若人力或机器无法达到,发外包是否可以解决。
③ 物料是否已到位,若未到位是否完全有把握在规定的时间内到位。
④ 工艺流程是否有问题,若有问题能否在规定时间内解决。

生产计划协调会如图7-2所示。

当生产计划与出货计划有冲突时,有时有必要坐下进行沟通协调

图7-2 生产计划协调会

三、紧急订单处理

在计划的实际执行中,经常会接到各种计划外的生产订单。由于急单出货时间未

定、期限紧，在生产安排时必须要认真处理。

遇有各种紧急订单时，要配合上司全力安排完成，具体可从以下几方面进行。

① 分清订单的紧急程度，并视具体的客户类型进行安排。

② 可与原有的计划订单进行协调，将不急的订单往后安排，重点安排急单的生产。

③ 安排加班、轮班，在按计划生产的同时，加紧急单的生产。

④ 指派专人对急单的生产进行跟踪，随时掌握具体的生产进度。

四、计划延误的补救

由于出现急单、物料供应落后、机器故障等情形，经常导致现场的计划出现延误。计划如果有延误的预兆，交货期就会受到影响。所以必须掌握现场的具体生产情形，并及时补救。

（一）查看延误

现场主管必须随时对生产线进行巡查，及时发现各种导致计划延误的情形。可以查看各班组的生产任务看板，从具体的数据进行分析。也可以对现场的设备、物料供应、作业形式等进行仔细检查，以确定是否有出现延误的征兆。

（二）公布延误

每天的工作结束后，现场主管要总结当天的生产数量，将出现的延误记录下来，并公布在现场的看板上，注明延误的原因。在次日的早会上告知每一个作业人员，并对解决措施进行说明。

（三）采取补救措施

针对生产计划的延误情形，通常在查明原因后，除了设备检修、及时供料外，对数量的延误要制订具体的补救计划，一般通过加班的方法进行。

在安排加班时，尽量不要将所有的任务累计起来而集中到某一休息日（星期天）进行，最好将任务平均安排在工作时间内，可以每天安排加1~2小时的班。

【实例】

以生产数量延误100件为例，应制作以下的补救计划表。

补救计划表

单位：件

品名	日期	22	23	24	25	26	27	28	29	30	备注
××电子零器件	日生产计划	800	800	800	800	星期日	800	800			
	补救	20	20	20	20		20				
	日实累计	816	818	820	822		816	808			
	差异累计	-4	-6	-6	-4		-8	0			

五、处理生产异常

生产异常在生产作业活动中是比较常见的，作为现场管理人员应及时掌握异常状况，适当适时采取相应对策，以确保生产任务的完成，满足客户交货期的要求。

（一）了解生产异常

生产异常的出现具有很大偶然性。在生产现场，由于计划的变更、设备的异常、物料供应不及时（断料）等原因会产生异常。现场管理者可采取以下方法掌握现场的异常情形。

① 设置异常管理看板，并随时查看看板。

② 通过"生产进度跟踪表"将生产实绩与计划产量进行对比以了解异常。

③ 设定异常标准，通过现场巡查发现的问题点以判断是否异常。

某工厂的生产异常警报预警看板如图7-3所示。

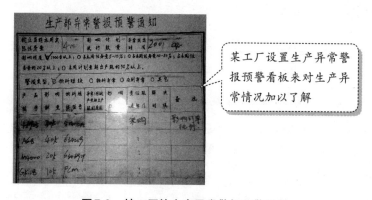

某工厂设置生产异常警报预警看板来对生产异常情况加以了解

图7-3 某工厂的生产异常警报预警看板

(二)处理生产异常

在发现现场的生产异常情形后,要在第一时间将其排除,并将处理结果向生产主管反映。生产异常状况排除如表7-5所示。

表7-5 生产异常状况排除

序号	异常情形	排除说明
1	生产计划异常	(1)根据计划调整,做出迅速合理的工作安排,保证生产效率,使总产量保持不变 (2)安排因计划调整而余留的成品、半成品、原物料的盘点、入库、清退等处理工作 (3)安排因计划调整而闲置的人员做前加工或原产品生产等工作 (4)安排人员以最快速度做计划更换的物料、设备等准备工作
2	物料异常	(1)物料即将告缺前30分钟,用警示灯、电话或书面形式将物料信息反馈给相关部门 (2)物料告缺前10分钟确认物料何时可以续上 (3)如物料属短暂断料,可安排闲置人员做前加工、整理整顿或其他零星工作 (4)如物料断料时间较长,要考虑将计划变更,安排生产其他产品
3	设备异常	(1)发生设备异常时,立即通知技术人员协助排除 (2)安排闲置人员做整理整顿或前加工工作 (3)如设备故障不易排除,需较长时间,应安排做其他的相关工作
4	制程品质异常	(1)异常发生时,迅速用警示灯、电话或其他方式通知品管部及相关部门 (2)协助品管部、责任部门一起研讨对策 (3)配合临时对策的实施,以确保生产任务的达成 (4)对策实施前,可安排闲置人员做前加工或整理、整顿工作 (5)异常确属暂时无法排除时,应向上司反映,并考虑变更计划
5	设计工艺异常	(1)迅速通知工程技术人员前来解决 (2)短时间难以解决的,向上司反映,并考虑变更计划
6	水电异常	(1)迅速采取降低损失的措施 (2)迅速通知行政后勤人员加以处理 (3)人员可作其他工作安排

六、控制生产进度

生产进度落后会直接影响交货期,所以现场必须对生产进度进行跟踪控制,以便把握准确的交货期。

(一)进度控制方法

为了掌握具体的生产进度,通过如图7-4所示的方法进行。

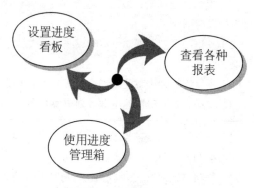

图7-4 进度控制方法

1.设置进度看板

即在生产现场显眼的地方设置一个"生产进度看板",把预定目标及实际的生产数据,在第一时间同步反映出来。通过查看该看板能及时把握具体的进度。见图7-5。

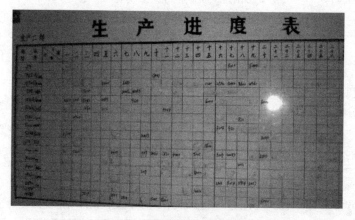

图7-5 某工厂生产进度看板

2.查看各种报表

在跟踪的过程中,要及时查看现场以及相关人员递交的各种相关表格,如生产日报表(表7-6)、作业日报表(表7-7)等。

表7-6　生产日报表

上报部门：　　　　　　上报责任人：　　　　　　　　　　　年　月　日

序号	产品名称	规格型号	计量单位	产量		实际产量			耗用工时		材料消耗			备注
				计划	实际	计划完成/%	合格品	次品	废品	定额	实际	铜/铝	塑料	其他	
生产总人数				日班			小时		加班			小时			

表7-7　作业日报表

日期：　　　　　　　　　部门：

出勤人数		请假人数		加班人数		实用总工时		分钟	
时间	订单号	品名/型号	生产量	使用时间/分钟	不良数	不良率	备注		
8:00～9:00									
9:00～10:00									
10:00～11:00									
11:00～12:00									
12:00～13:00									
13:00～14:00									
14:00～15:00									
16:00～17:00									
18:00～19:00									
19:00～20:00									
合计									

3.使用进度管理箱

为了掌握整体的生产进度,可以考虑使用进度管理箱(图7-6)。具体实施时,可以设计一个有60个小格的敞口箱子,每一个小格代表一个日期。每行的左边三格放生产指令单,右边三格放领料单(比如,某月1日的指令单放在左边1所指的格子里,则领料单放在右边1所指的格子里)。这样放置之后,抬头一看,如果有过期没有处理的,就说明进度落后了,要采取相关措施。

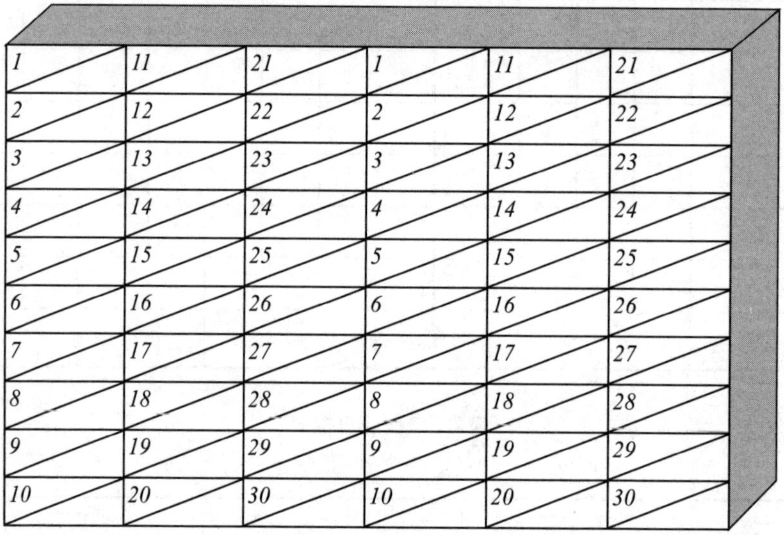

图7-6 进度管理箱

(二)处理落后的进度

在生产过程中,赶不上生产计划是很正常的。所以在出现生产进度落后时,要积极采取相关措施。

① 调整班次,安排人员加班、轮班。

② 外包生产。对于不急的订单可以外包给其他厂家,集中精力主攻重要、紧急的订单。

七、缩短交货期

为了尽量满足交货期,可以采取表7-8中的方法,缩短交货期,以便协调好不同订单的生产。

表7-8 交货期的缩短方法

序号	方法	具体说明
1	调整生产顺序	将特定、紧急的订单优先安排进行生产，但这种优先要事前取得销售部门的认可
2	分批生产、同时生产	同一订单的生产数量分成几批进行生产，首次的批量少点，以便尽快生产出来，这部分就能缩短交货期，或用几条流水线同时进行生产来达到缩短交货期的目的
3	缩短工程时间	缩短安排工作的时间，排除工程上浪费时间的因素或在技术上下功夫，加快加工速度以缩短工程时间

八、处理好交货期变更

如果订单客户由于特殊原因要更改交货期，现场主管要及时与人员进行沟通，并及时地调整生产，尽量保证交货期。

（一）调整进度

根据客户的交货期，调整生产的进度，具体应发出"进度修订通知单"（表7-9），调整生产计划。

表7-9 进度修订通知单

收受：　　　　　　　　　　日期：　年　月　日　　　　　　编号：

订单号	品名	类别	投料/日期	完工/日期	数量	修订日期
		原进度				
		修订进度				
		原进度				
		修订进度				
		原进度				
		修订进度				
		原进度				
		修订进度				

生产主管：　　　　　　　　　　　　　　　承办：

（二）安排生产

如果交货期提前，要耐心向现场人员说明，并安排加班，对于不急、不重要的订单实施外包。如果交货期延后，则可以调整生产计划，将其他订单优先生产，但必须保证调整后的订单能按期交货。

九、交货期延误的补救

交货期延误并非仅仅是生产的原因，采购、品质、物料等方面的其他原因也可能导致产品生产延误，影响交货期。对已经延误交货期的应采取以下补救方法。

① 在知道要误期时，先和不急、不重要的订单对换生产日期。

② 延长作业时间（加班、休息日上班、两班制、三班制）。

③ 分批生产，被分出来的部分就能挽回延误的时间。

④ 同时使用多条流水线生产。

⑤ 请求销售、后勤等其他部门的支援，这样等于增加了作业时间。

⑥ 外包给其他工厂生产一部分。

第八章

S——现场 Safety（安全）管理

导 读

在生产现场中，存在着许多不安全因素，如果不按照安全（Safety）要求进行管理，这些因素可能造成事故，所以企业必须重视并做好现场的安全管理，打造一个安全的生产现场。

学习目标

1. 了解现场安全（Safety）管理的各项措施：将安全责任落实到位、做好安全监督、开展安全教育、做好安全识别、配备服装和劳保用品、确保机械设备的安全、确保消防安全、配备急救药箱、定期实施安全检查、制定安全应急预案、安全事故的处理。

2. 掌握现场安全（Safety）管理的各项措施的具体要求、操作步骤和方法、细节。

学习指引

序号	学习内容	时间安排	期望目标	未达目标的改善
1	将安全责任落实到位			
2	做好安全监督			
3	开展安全教育			
4	做好安全识别			
5	配备服装、劳保用品			
6	确保机械设备的安全			

续表

序号	学习内容	时间安排	期望目标	未达目标的改善
7	确保消防安全			
8	配备急救药箱			
9	定期实施安全检查			
10	制定安全应急预案			
11	安全事故的处理			

一、将安全责任落实到位

"安全生产，人人有责"这个口号在有些企业里喊得很响，标语也贴得满墙都是，但是执行起来却不彻底，当遇到问题时，往往就找不到责任人。所以，企业在开展安全活动时，最重要的是将安全责任落实到位。具体可以采取召开宣誓大会的方式，召集所有的员工开一个大会，尽量隆重些，企业的重要领导一定要到场，显得公司从上到下都非常重视这项工作。

宣誓大会要讲安全的重要性，要求员工从上到下都进行安全宣誓，同时要签下安全目标责任书，如以下范本所示。

（1）

车间主任安全生产目标责任书

为认真贯彻"安全第一，预防为主"的方针，做好公司20××年度安全生产工作，强化企业内部安全管理，落实单位负责人安全生产责任制，保证完成上级下达的安全控制指标，确保公司及全体职工的生命财产安全，减少事故和职业病的发生，依据《中华人民共和国安全生产法》及其他有关安全生产的法律法规，按照"管生产必须管安全"和"谁主管、谁负责"的原则，特制定20××年安全生产目标责任书。

一、工作目标

1. 人身伤亡事故为零。
2. 火灾事故为零。
3. 爆炸事故为零。

4. 生产事故为零。

5. 设备事故为零。

6. "三废"排放符合国家标准，污染事故为零。

7. 急性中毒事故为零。

8. 职业病事故为零。

9. 轻伤率小于3‰。

10. 安全隐患的整改率达100%。

11. 法规规定的各项卫生标准。

二、工作任务

车间主任对本车间的安全生产全面负责，副主任在主任指定的工作范围内对安全工作负责，其职责如下。

1. 保证国家和上级安全生产法规、制度、指示在本车间贯彻执行。把安全工作列入议事日程，做到"五同时"。

2. 组织制定车间安全管理规定、安全技术操作规程和安全技术措施计划。

3. 组织对新职工进行车间安全教育和班组安全教育，对职工进行经常性的安全思想、安全知识和安全技术教育，定期组织考核，组织班组安全日活动，及时吸取工人提出的正确意见。

4. 组织全车间职工定期进行安全检查，保证设备、安全装置、消防器材、防护器材等处于完好状态。

5. 组织各项安全生产活动。总结交流安全生产经验，表彰先进班组和个人。

6. 严格执行有关劳保用品、保健食品、清凉饮料等发放标准。加强防护器材的管理，教育职工妥善保管，正确使用。

7. 坚持"四不放过"原则，对本车间发生的事故及时报告和处理，注意保护现场，查清原因，采取防范措施。对事故的责任者提出处理意见，报主管部门和厂长批准后执行。

8. 组织本车间安全管理网，配备合格的安全管理人员，支持车间安全员工作，充分发挥班组安全员的作用。

三、附则

1. 本责任书有效期限为一年，即：20××年1月1日～20××年12月31日。

2. 本责任书一式两份，双方各执一份。

安全生产办公室　　　　　　　　　　负责人签字：

　　责任人　　　　　　　　　　　　负责人签字：

 他山之石（2）

员工安全生产目标责任书

为认真贯彻"安全第一，预防为主"的方针，做好公司20××年度安全生产工作，强化企业内部安全管理，落实单位负责人安全生产责任制，保证完成上级下达的安全控制指标，确保公司及全体职工的生命财产安全，减少事故和职业病的发生，依据《中华人民共和国安全生产法》及其他有关安全生产的法律法规，按照"管生产必须管安全"和"谁主管、谁负责"的原则，特制定20××年安全生产目标责任书。

一、工作目标

1. 人身伤亡事故为零。

2. 急性中毒事故为零。

3. 火灾事故为零。

4. 爆炸事故为零。

5. 轻伤率小于3‰。

6. 生产事故为零。

7. 安全隐患的整改率达100%。

8. 设备事故为零。

9. 法规规定的各项卫生标准。

二、职工工作任务

1. 平时要认真学习贯彻执行国家和上级安全生产方针、政策、法律、法规、制度和标准，坚决服从厂（公司）安全生产领导小组的领导，争做好安全生产工作的模范。

2. 认真学习和严格遵守企业安全生产领导小组颁布的各项规章制度，遵守劳动纪律，不违章作业，并有权劝阻、制止他人违章作业。

3. 精心操作，做好各项记录，交接班时必须交接安全生产情况，交班要为接班创造安全生产的良好条件。

4. 正确分析、判断和处理各种事故苗头，把事故消灭在萌芽状态。发生事故，要果断正确处理，及时如实地向上级报告，严格保护现场，做好详细记录。

5. 作业前认真做好安全检查工作，发现异常情况，及时处理和报告。

6. 加强设备维护，保持作业现场整洁，做好文明生产。

7.上岗必须按规定着装、妥善保管、正确使用各种防护用品和消防器材。
8.积极参加各种安全活动。
9.有权拒绝违章作业的指令。

三、附则

1.本责任书有效期限为一年,即:20××年1月1日~20××年12月31日。
2.本责任书一式两份,双方各执一份。

安全生产办公室　　　　　　　　负责人签字:
　　责任人　　　　　　　　　　负责人签字:

二、做好安全监督

(一) 监督者的职责

所谓监督,从广义上来说是领导下级进行工作的意思。组长和班长作为基层组织的"长",也就是基层管理的监督者,直接领导工人在现场直接管理材料、设备、机械和治(工)具的使用情况,当然,在履行职务上被授予了相应的责任和权利。组长和班长监督的主要职责如表8-1所示。

表8-1　组长和班长监督的主要职责

序号	职责	说明
1	规定作业程序	在安全的条件下,为了生产更多、更便宜的好产品,就需要把作业方法标准化。为此,需要得到全体职工的理解和协助,对作业程序和关键步骤加以规定(作业标准),并努力实行
2	改进作业方法	监督者应注意作业方法上有无危险和是否有害。对现行的作业方法不应满足,要以怀疑的态度,以更好的作业方法为目标,努力去改进
3	适当安排作业者的工作	监督者为了完成工作任务和防止事故的发生,应经常考虑作业者的适应性和工作能力,适当调配人员和分配任务,使工作能在安全的条件下完成
4	指导和教育	监督者为使自己分担的工作顺利进行,应该运作自己的知识和经验,指导教育下级掌握必要的知识和技能,使下级能够提高自主的在安全的条件下完成作业的能力

续表

序号	职责	说明
5	作业过程的监督和指导	监督者通过巡视现场等对作业中的下级进行监督,指导他们遵守作业标准和其他事项,正确地进行作业
6	设备安全化以及改善环境	监督者对负责的现场的设备、机械、装置、工器具、安全装置、有害物质控制装置、保护用具等除保证完好之外,对不安全的地方要加以改进
7	保持环境条件	努力保持作业场所的整理、整顿和清洁以及其他的环境条件
8	安全检查	监督者对自己负责的作业场所的设备、机械、作业环境要定期检查以及在作业开始前进行检查,努力发现不好的地方及异常情况,并且加以改进
9	异常时采取措施	监督者平时要制定排除异常的措施标准,并对下级进行训练,以便作业场所发生异常问题时能够立即采取措施
10	发生灾害时采取措施	在发生灾害时,监督者在采取紧急措施的同时,要分析灾害的原因并采取对策。此外,要吸取过去发生灾害的教训,努力防止再发生
11	防止劳动伤害事故	监督者除利用标语、宣传画之外,还要利用早会、安全作业讨论会和其他会议等提高下级的安全意识

(二)安全工作核对表

监督者在安全管理方面可运用表8-2所列内容对安全工作进行核查。

表8-2 监督者的安全工作核对表

管理对象	项目	内容	核对
管理方面	方针目标	(1)是否充分理解了公司安全的方针和目标 (2)工作场所的安全活动下级都了解吗	
管理方面	安全活动	(1)工作场所有没有安全管理计划 (2)工作场所的安全管理计划执行了吗 (3)安全活动的结果评价了吗 (4)有没有安全标准	
人的方面	对下级的指导	(1)对下级的要求是否了解 (2)对安全教育的必要性是否努力去发现 (3)有没有教育计划 (4)是否根据教育计划进行了指导和教育——新职工教育、特别教育、其他教育、作业内容变更时教育 (5)对危险和有害作业是否进行了重点教育	

续表

管理对象	项目	内容	核对
人的方面	对下级的指导	（6）有没有教材 （7）执行结果有无评价 （8）有无补充指导 （9）对合作公司和包工单位是否进行了指导及教育 （10）教育结果的记录是否保存了	
	作业中的指导	（1）是否按计划巡视了现场 ① 作业的服装整洁吗 ② 遵守安全操作吗 ③ 安全用具、保护用具很好使用吗 ④ 安全标准都很清楚了吗 ⑤ 共同作业时的联系、打招呼约定好了吗 ⑥ 作业位置、作业姿势好吗 ⑦ 岗位纪律遵守得好吗 （2）对新员工是否关心 （3）工作岗位上的人际关系好吗 （4）指示、命令适当吗 （5）在语言使用、语气上是否有所检点 （6）是否关心下级的健康情况	
	安全宣传教育的指导	（1）有目的的启蒙活动效果如何 ① 宣传画、标语、早会 ② 安全值班、岗位会议、安全作业会议 ③ 安全作业表彰 （2）是否有计划地持续实行 （3）是否动员积极参加预防运动、危险预报运动和安全作业会议	
	下级的钻研、创造	（1）对工作是否愿抱着发现问题的态度 （2）是否努力去培养改进小组 （3）合理化建议制度执行得如何 （4）工作场所会议和安全作业会议是否经常召开	
物的方面	机械电气设备、装置的安全化	（1）对设备、机械、装置是否努力实现安全化 （2）保护用具的性能好吗 （3）机械设备有安全装置吗 （4）机械电气装置管理得如何	

续表

管理对象	项目	内容	核对
物的方面	机械电器设备、装置的安全化	① 动力传导装置保护得如何 ② 吊车的安全管理做得如何 ③ 装卸运输机械的维护管理做得如何 ④ 电气设备、电动工具的安全使用及保养措施如何 ⑤ 对可燃性气体以及其他爆炸的防止措施如何 ⑥ 排、换气装置有无故障	
	作业环境条件的保持和改进	（1）工作场所的布局合理吗 （2）整理整顿做好了吗 （3）放置的高度、数量、位置好吗 （4）地方合适吗 （5）保管方法好吗 ① 危险品 ② 有害物品 ③ 重要物品 ④ 超长超大物品 （6）地面上有无油、水、凹凸不平的现象 （7）明亮度够不够 （8）温度适当吗 （9）有害气体、蒸汽、粉尘是否在排放允许浓度范围内 （10）防止噪声的措施如何 （11）躲避通道和场所是否有保证 （12）安全的标志是否科学 （13）是否努力改进环境	
	安全卫生检查	（1）有无制订定期自主检查计划 （2）定期自主检查进行了吗 （3）作业开始前的检查进行了吗 （4）是否根据检查标准进行检查了？有检查表吗？检查日期、检查者、检查对象（机器）、检查部位（地方）、检查方法都正确吗 （5）有没有判断标准 （6）检查及其负责人有没有规定 （7）不良地方（部位）有无改进 （8）检查记录有没有保存	

续表

管理对象	项目	内容	核对
作业方面	作业程序（作业标准）的确认	（1）作业标准齐备吗？（高度作业、高空作业、爆炸性物质使用作业、使用重量物品作业、从事高压电作业、使用有害物质作业、使用危险品作业、使用着火性物质作业） （2）对安全是否关心 （3）对非正常作业的工具箱是否集中在一起 （4）作业变更时是否进行研究和修改计划 （5）研究作业标准方案时是否吸收下级参加 （6）是否定期修改	
	作业方面的改进	（1）是否抱着发现问题的态度在管理作业 ① 需要力量大的作业 ② 强迫的姿势或危险岗位的作业 ③ 持续长时间的紧张作业 ④ 对有害健康的作业 （2）在作业方法上是否与下级商量 （3）对不恰当的作业是否进行了改进 （4）研究改进方案时是否把安全放在优先	
	适当安排作业者的工作	（1）有没有无资格（条件）者在从事危险、有害的工作 （2）中高年龄层的人有无从事危险高空作业 （3）有没有让经常发生灾害事故者从事危险有害作业的情况 （4）有没有让没有经验的人从事危险有害作业的情况 （5）有没有让身体情况异常者工作的情况	
	发生异常灾害时的措施	（1）是否努力及早发现异常情况 （2）是否规定发生异常时的处理措施标准 （3）对异常进行处理的方法下级是否掌握 （4）非常情况下的停止方法下级是是否掌握 （5）非常情况下的躲避标准有无规定 （6）发生灾害时的紧急处理（急救措施）方法下级是否掌握 （7）有没有事故、灾害的原因分析以及对策的实施计划 （8）异常事故、灾害的记录是否保存了	

（三）监督者的任务（日常检查的重点）

现场监督者对安全负有极为重要的监督任务。下面列出日常至少必须实行的重点。

1. 大家出勤以后

① 见面时先问候。

② 确认上一班交代的事情。

③ 收集安全情报，整顿工作开始前集中强调的问题。

④ 进行对部下的脸色观察。

⑤ 带头做广播体操。

2. 工作开始前的机会

① 不能忘记传达上级交代的事项。

② 当天作业中应该注意的安全问题。

③ 缺勤者和迟到者的确认及传达。

④ 作业前下级的身体情况有无异常现象。

⑤ 短时间内把要点弄清楚。

3. 安全巡回检查

① 一天一次用30分钟巡回检查安全。

② 主动端正姿势，在服装、态度上起模范作用。

③ 假装看不见会助长不安全行为。

④ 要及时指导（劝告）和处理。

4. 现场的安全会议

① 每月是否至少开过一次会。

② 工作开始和结束都按规定时间。

③ 工厂安全委员会规定的事情，会员是否都理解并彻底贯彻。

④ 工作场所的问题是否作为教训加以吸取。

⑤ 监督者是否把自己的想法和方针告诉下级。

5. 安全教育训练

① 每周是否至少进行一次以上的现场危险预报活动。

② 对特别需要严格遵守的事项是否确实教给下级了。

③ 作业是否按作业标准（操作标准）进行。

④ 劳动保护用具是否都能按规定要求正确使用（着装）。

⑤ 是否按所教的（要求）内容执行了（重要的是确认）。

三、开展安全教育

（一）安全教育的目标

工作场所的安全教育目标，需要根据现场的具体情况来确定。这就需要很好掌握现场的实际情况，对现场的安全要从人、物、程序上进行分析，什么是影响完成目标的因素，消除这些影响因素，就是现场安全教育的目标，可以举例如下。

① 物的方面：主要检查由于看惯了的原因，容易对异常看漏看错。

② 人的方面：仍旧是劳动保护用具穿着的不合规定，对来协助工作者的教育容易忽视。

③ 作业方面：非正常作业和转换安排时的准备不够，很多时候会感觉突然。

（二）安全教育的内容

安全教育的内容如表8-3所示。

表8-3　安全教育的内容

序号	类别	目的
1	知识教育	（1）对所使用的机械设备的结构、功能、性能要有一个概念 （2）使其理解灾害发生的原因 （3）教授与安全有关的法规、规定的标准 （4）不仅使其理解，还要教授活用的方法
2	解决问题的教育	（1）找出原因解决问题。以过去或现场存在的问题为例，使其了解，从发现问题，查明原因，确认事实，直到采取对策过程的手续方法 （2）指出目标，处理问题也像上面一样使其理解手续方法 　培养观察问题的能力，即培养直观能力、分析能力和综合能力
3	技术教育	（1）使其学会并掌握作业方法、机械设备操作方法以及程序与重点 （2）培养适应能力，以实际操作为主来进行
4	态度教育	（1）对安全作业从思想上重视并实行 （2）遵守工作场所纪律和安全纪律 （3）提高工作积极性

（三）安全教育的方法

1.反复进行

反复地讲给他们听，做给他们看，让他们看看，就能记住。知识教育要从各种角度去教；技能教育要直观，领会和掌握关键；对于态度教育，可以举几个例子使每个人在思想上能够接受，以改变过去的认识和态度。

2.强化印象

不是抽象的、观念性的教法，而是以事实和事物具体地教，以刺激学习人的要求，让他记在心里。

3.利用"五官"

根据教育内容，很好地利用眼、耳、口、鼻、皮肤等任何一项感觉进行教授。

4.理解功能

对东西的结构通俗易懂地教授，为了加深理解，特别要下功夫。

5.利用专栏和板报进行安全教育

即将安全教育的内容以看板的形式展示出来，如图8-1所示。

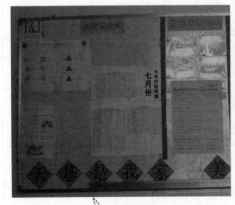

通过文字对消防安全相关知识进行宣传

安全栏将文字、实景图片和漫画结合，生动又便于操作

第八章　S——现场Safety（安全）管理

将灭火器的具体使用步骤制作成直观图片，让人一目了然

使用专门的安全看板，随时进行安全自我检

利用专栏，对员工起到警示作用

图8-1　安全宣传教育看板

四、做好安全识别

安全识别主要是利用颜色刺激人的视觉，达到警示的目的及作为行动的判断标准，以起到危险预知的作用。在工厂生产中所发生的灾害或事故，大部分是由于人为的疏忽，因此有必要追究到底是什么原因导致人为的疏忽，研究如何预防工作疏忽。其中，利用安全色彩是很有必要的一种手段。如图8-2所示，将安全警示标志贴在需要特别注意的部位。

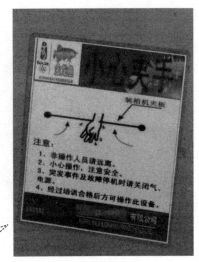

鲜明的黄色，警示要注意小心行走

红白色对比，提醒要注意手的安全

图8-2 安全识别标识

（一）安全色

1. 安全色的含义和用途（表8-4）

表8-4 安全色的含义和用途

颜色	含义	用途举例
红色	禁止 停止	禁止标志 停止信号：机器、车辆上的紧急停止手柄或按钮，以及禁止人们触动的部位
		红色也表示防火，消防设备和其他安全防护设备的位置
蓝色	指令必须遵守的规定	指令标志：如必须佩戴防护用具，道路上指引车辆和行人行驶方向的指令
黄色	警告 注意	警告标志 警戒标志：如厂内危险机器和坑池周围引起注意的警戒线 行车道中线 机械上齿轮箱内部 安全帽
绿色	提示 安全状态 通行	提示标志 车间内的安全通道 行人和车辆通行标志

注：1. 蓝色只有与几何图形同时使用时，才表示指令。

2. 为了不与道路两旁绿色行道树相混淆，道路上的提示标志用蓝色。

2.对比色(表8-5)

对比色为黑白两种,使用对比色是通过反衬让安全色更加醒目。如安全色需要使用对比色时,应按相关的规定执行。

表8-5 对比色

安全色	相应的对比色
红色	白色
蓝色	白色
黄色	黑色
绿色	白色

黑色用于安全标志的文字、图形符号和警告标志的几何图形;白色也可用于安全标志的文字和图形符号。红色和白色、黄色和黑色间隔条纹,是两种较醒目的标示。

3.安全色使用标准(表8-6)

表8-6 安全色使用标准

序号	安全色	使用标准
1	红色	红色表示禁止、停止、消防和危险的意思。凡是禁止、停止和有危险的器件设备或环境,都应涂以红色的标记
2	黄色	黄色表示警示。警示人们注意的器件、设备或环境,应涂以黄色标记
3	蓝色	蓝色表示指令,必须遵守的规定
4	绿色	绿色表示通行、安全和提供信息的意思。凡是在可以通行或安全的情况下,都应涂以绿色标记
5	红色和白色相间隔的条纹	红色与白色相间隔的条纹,比单独使用红色更为醒目,表示禁止通行、禁止跨越的意思,用于公路、交通等方面所用的防护栏杆及隔离墩
6	黄色与黑色相间隔的条纹	黄色与黑色相间隔的条纹,比单独使用黄色更为醒目,表示特别注意的意思,用于起重吊钩、平板拖车排障器、低管道等方面。相间隔的条纹,两色宽度相等,一般为10毫米。在较小的面积上,其宽度可适当缩小,每种颜色不应少于两条,斜度一般与水平成45度。在设备上的黄、黑条纹,其倾斜方向应以设备的中心线为轴,呈对称形
7	蓝色与白色相间隔的条纹	蓝色与白色相间隔的条纹,比单独使用蓝色更为醒目,表示指示方向,用于交通上的指示性导向标

续表

序号	安全色	使用标准
8	白色	标志中的文字、图形、符号和背景色以及安全通道、交通上的标线用白色。标示线、安全线的宽度不小于60毫米
9	黑色	禁止、警告和公共信息标志中的文字、图形都应该用黑色

（二）安全标志

安全标志是由安全色、边框和以图像为主要特征的图形符号或文字构成的标志，用以表达特定的安全信息。

安全标志分禁止标志、警告标志、命令标志和提示标志四大类。

1. 禁止标志

禁止标志是禁止或制止人们要做某种动作。其基本形式是带斜杠的圆边框，禁止标志的颜色见表8-7。禁止标志示例如图8-3所示。

表8-7 禁止标志的颜色

部位	颜色
带斜杠的圆边框	红色
图像	黑色
背景	白色

图8-3 禁止标志示例

2.警告标志

警告标志的含义是促使人们提防可能发生的危险。警告标志的基本形式是正三角形边框,警告标志的颜色见表8-8。警告标志示例如图8-4所示。

表8-8 警告标志的颜色

部位	颜色
正三角形边框、图像	黑色
背景	黄色

图8-4 警告标志示例

3.命令标志

命令标志的含义是必须遵守的意思。命令标志的基本形式是圆形边框,命令标志的颜色见表8-9。命令标志示例如图8-5所示。

表8-9 命令标志的颜色

部位	颜色
图像	白色
背景	蓝色

图8-5

图8-5 命令标志示例

4.提示标志

提示标志的含义是提供目标所在位置与方向性的信息。提示标志的基本形式的矩形边框，提示标志的颜色见表8-10。提示标志示例如图8-6所示。

表8-10 提示标志的颜色

部位	颜色
图像、文字	白色
背景	一般提示标志用绿色，消防设备提示标志用红色

图8-6 提示标志示例

（三）补充标志

补充标志是安全标志的文字说明，必须与安全标志同时使用。

补充标志与安全标志同时使用时，可以互相连在一起，也可以分开，当横写在标志的下方时，其基本形式是矩形边框；当竖写时则写在标志杆的上部。补充标志的规定见表8-11。补充标志示例如图8-7所示。

表8-11 补充标志的规定

补充标志的写法	横写	竖写
背景	禁止标志——红色 警告标志——白色 命令标志——蓝色	白色

续表

补充标志的写法	横写	竖写
文字颜色	禁止标志——白色 警告标志——黑色 命令标志——白色	黑色
字体	黑体	黑体

五、配备服装、劳保用品

劳保用品的最大作用就是保护员工在工作过程中免受伤害或者防止形成职业病。但实际生产中有些员工对此意义理解不够，认为劳保用品碍手碍脚，是妨碍工作的累赘。这样，就要求管理者持续不断地加强教育，严格要求，使之形成习惯，绝不能视而不见。

某纺织厂有个规定，试车的时候不能戴手套。李×是厂里的老员工，多次被厂里评为优秀员工，有很丰富的工作经验。也许正是这些

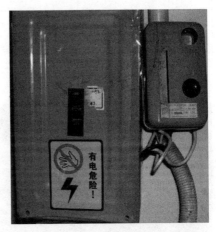

图8-7　补充标志示例

经验让这位德高望重的老员工存在一种侥幸的心理，经常在试车的时候违规戴手套。碍于情面，班长赵×也不好说他什么，就私下叫王×去提醒他注意一些。王×刚说完，李×满不在乎地说："放心了，不会有什么问题的。我吃的盐比你吃的饭还多呢！"

结果，手套绞入了机器里面，把手也带了进去，随之，一幕惨剧发生了，鲜红的血洒了一地。也许正是这丰富的工作经验让他存有一定的侥幸心理，认为自己不会出事，事故离他很远。

（一）劳保用品的种类

1.劳保服装

一般来说，劳保服装说明如表8-12所示。穿戴劳保用品的工人如图8-8所示。

表8-12　劳保服装说明

序号	名称	说明
1	作业帽	作业中即便没有飞来的东西或落下来的危险物品，为了保持作业场所的纪律也要戴好作业帽

续表

序号	名称	说明
2	作业服	作业服要合身、轻快、清洁。作业服不仅要适合寒暑的温度变化，还必须考虑符合安全的要求
3	鞋	鞋要轻快，便于行动，不能容易绊倒或打滑。根据作业内容或作业场所，有的需要穿安全鞋或防电鞋
4	手套	为了防止手脏和保护手指而戴手套，有被机器卷进危险的作业不允许戴手套

图8-8 穿戴劳保用品的工人

图8-9 作业时戴上保护用具

2.保护用具

（1）保护用具的种类

包括安全帽、保护眼镜、防噪声保护塞、安全鞋、安全带、防尘和防毒面具、绝缘保护用具。作业时戴上保护用具如图8-9所示。

（2）保护用具的使用要求

企业在规范保护用具的使用要求时，一般应该注意的事项如下。

① 站在作业者的立场，选用适合作业的保护用具。

② 定额标准要够用。

③ 指定保护用具的管理者。

④ 规定管理（修理、检查）的方法。

⑤ 教会使用方法。

⑥ 指导他们必须穿戴上必要的保护用具。

保护用具的使用如图8-10所示。

企业在选择个人防护用品时，不仅要注意防护效果，还应考虑是否符合生理要求，便于利用。在使用时还需加强管理和检查维护，才能达到应有的防护效果。

图8-10　保护用具的使用

（二）劳动保护用具的严格管理

作为管理者，一定要对本工厂、本车间在哪些条件下使用何种劳保用品做充分的调查，对各种劳保用品的用途要有了解，为员工配备相应的劳动保护用具，同时制定严格执行的规定。

以下提供某公司劳保用品发放和使用管理规定，供学习。

劳保用品发放和使用管理规定

1.目的

为规范劳保用品的发放和使用工作，确保劳保用品能真正地起到保护作用，并能减少浪费，特制定本规定。

2.适用范围

适用于本公司生产部门劳保用品的发放与领用。

3.管理规定

3.1 总要求

3.1.1 劳保用品是公司提供给员工在有危险性场所工作时使用的劳动保护用品。公司的每一位员工都有相应的日常劳保用品，公司确保仓库存有一定库存的日常劳保用品，以确保员工能够及时地得到更换。

3.1.2 非日常工作所需的特殊劳保用品也必须具备。

3.1.3 公司有义务培训公司的各位员工能熟练掌握劳保用品的相关技术。

3.1.4 一些低值易耗品要确保充足,一些可长久使用的劳保用品要确保有一定的库存。所有个人的用品必须注名以标示。

3.2 管理要求

3.2.1 穿戴劳保用品的强制执行措施

(1)在特定的区域穿戴劳保用品以完成特定的任务,必须强制执行。任何有违反规定者将受到纪律处分。

(2)如果用一些劳保用品来做一些不合法的或违反劳保用品本身用途的行为,同样要受到纪律处罚。

3.2.2 劳保用品的申领

根据不同的工作性质使用不同的劳保用品。"劳保用品申请单"由工人填写,上交给生产主管。如前所述,所有劳保用品都必须经所有者确认并签上名字。劳保用品因损坏或过期等需要更换的,员工应去生产主管处填写"更换申请表"。

3.2.3 不同人员的劳保用品数量及更换时间要求

(1)生产操作工。

生产操作工的劳保用品

劳保用品名称	数量	更换
连体工作服/夹克/裤子	3	根据需要
衬衫	3	根据需要
安全帽	1	至少每三年
安全鞋	1	至少每两年
眼镜	1	根据需要
护目镜	1	根据需要
雨衣	1	根据需要
防毒面具	1	根据使用期限
护耳器	1	根据设备要求

(2)维修工人。

维修工人的劳保用品

劳保用品名称	数量	更换
连体工作服	2	根据需要
夹克/裤子/衬衫	1	根据需要

续表

劳保用品名称	数量	更换
安全帽	1	至少每三年
安全鞋	1	至少每两年
眼镜	1	根据需要
护目镜	1	根据需要
雨衣	1	根据需要
防毒面具	1	根据工作需要
护耳器	1	根据设备要求

（3）实验室人员。

实验人员的劳保用品

劳保用品名称	数量	更换
实验服	2	根据需要
袖套	2	根据需要
安全帽	1	至少每三年
安全鞋	1	至少每年
眼镜	1	根据需要
雨衣	1	根据需要
半面罩	1	根据工作需要

在生产区和实验区，低值易耗品，如手套、防尘口罩、耳塞等都要充分准备。

3.2.4 使用劳保用品的特定区域

下表反映的是不同区域所要求佩戴的劳保用品：

不同区域须佩戴的劳保用品

区域 \ 劳保用品	安全帽	安全鞋	安全眼镜	安全护目镜	连体工作服	实验服	耳塞	防毒面具/防尘口罩
车间	√	√	√	特殊工作	√	×	特殊工作	特殊工作
走在办公楼与工厂之间	√	★	√	×	×	×	×	×
实验室	×	×	√	特殊工作	×	√	特殊工作	特殊工作

续表

区域 \ 劳保用品	安全帽	安全鞋	安全眼镜	安全护目镜	连体工作服	实验服	耳塞	防毒面具/防尘口罩
模具车间	×	×	√	×	×	×	√	√
控制室/办公室	×	×	×	×	×	×	×	×

注：1. √指被推荐要求的；×指不要求的；*指不要求但是被推荐的。

2. 参观者同样要求佩戴相应的劳保用品，如焊工帽、安全眼镜、防护服等在特殊的场合同样需要。

3.3 公司劳保用品说明

3.3.1 公司各类个人劳保用品描述及用途

（1）连体外套。连体外套是指从颈部以下到腕和膝盖都能保护到的外套。通常锅炉工的服装是棉质的，这样的外套只有在进行原料操作时可以避免弄脏自己的衣服，但不防酸、碱的腐蚀。当有特殊要求时，就得穿上用PPE材料制作的工作服。

（2）实验服。实验室人员必须穿棉质的实验服，实验服长度要过大腿。如同连体外套，实验服只能起到普通防沾染作用，不可防酸碱。

（3）袖套。袖套戴在实验服外，能防止化学品的喷溅到袖子上。

（4）雨衣。实验室的人员和生产车间的人员都要有雨衣，雨衣是提供给大家雨天使用的，有必要时，现场操作也可用它。

（5）鞋类。进入生产区的人员和实验室人员都要穿钢头的安全鞋。一些特殊的工作场所还要穿靴子。所有人都要求穿包住脚面的鞋。

（6）头部保护。头部保护物通常是头盔。标准的头盔是塑料的外壳，内有一节网罩。头盔能很好地保护物体的撞击。××公司每三年换一次头盔。旧的头盔要销毁。

（7）耳朵保护。耳朵的保护通常有两种方式：一种是耳塞；另一种是耳罩。戴耳罩时要确保能戴好安全帽。防耳器能很好地保护耳朵，防止外界的声音干扰，同时又能听到一定的范围内的声音。

（8）眼睛/脸的保护。根据不同的危险等级可以采用不同的保护方法。

① 安全眼镜。安全眼镜对一些低危险的化学品喷溅有防护作用。根据使用者的需要，安全眼镜可以是有透镜作用的。在处理固体原料、切割或割锯时，戴安全眼镜的作用是很小的。

② 护目镜。护目镜能全面地遮住眼睛，避免任何物质进入眼睛。也就是说，

好的护目镜戴上后,是不可能有杂物可进入眼睛的。在操作化学品或割/锯设备时,护目镜能有效地防止化学品进入眼睛或对眼睛有冲击。所以必须按规定佩戴护目镜。

护目镜能够很好地保护眼睛。如果再加一个面罩,就可以对脸部和眼睛有一个很好的保护作用。

③面罩。有些工作要求不仅戴护目镜,而且要戴面罩。一个好的面罩可以很轻松地安装在安全帽上。尽管飞溅的液体可以从侧面进入眼睛,但面罩可以很好地保护脸部。当有飞溅物溅到脸上时,人的本能反应就是转开脸,就有可能有东西会进入眼睛。当在操作一些固体物质时,戴面罩足够了,但在切割/锯时,戴面罩还是不行。

(9)呼吸保护。

①可重复利用的粉尘和化学品口罩。半面罩或全面罩,更换活性炭盒之后能长期使用。面罩的基体通常是橡胶、氯丁橡胶、硅胶,有两个或单个活性炭盒。半面口罩能遮住嘴和鼻子,而全面口罩还能遮眼睛(两种面罩都能有效地保护粉尘和蒸气的冲击)。活性炭盒可以任意更换且有明确的使用期。它能够有效地防止粉尘、酸、碱或酸碱化合物的侵蚀。

②一次性口罩。当工作场所有无毒粉尘时(如沙尘、锯末、切割的溅渣等),可用一次性口罩。

(10)手的保护。手套之类的保护用品,是为了工作时手不被损伤,同时具有卫生作用。

有两种材料的手套可用在工作现场(PVC和橡胶的),它们都能有效地防止水也可防止化学品的侵蚀,同时又能很方便地洗去手套上的化学品。这些手套有耐摩擦性,但不可长期使用。过多的机械摩擦对手套的耐用性必定会有影响。经常沾染到化学品的环境,皮革手套则不理想。

因为手套有污染,不可随便放在衣兜里。很多手套是可洗的。

①PVC手套。PVC手套对现场的所有化学品(包括浓酸、碱)都有保护作用。手套的内层要有一层棉布,那样戴起来会比较舒服。当手套沾有浓酸或浓碱时要及时洗掉。这样的手套在很多工作场所都可以使用,并且是可洗的、耐摩擦的。

②橡胶手套。当在工作场所需要保护手臂时,要戴橡胶手套。这种手套可防化学品,且沾有化学品之后还可洗。但它的保护性能要比PVC手套差。

③皮革手套。在工作过程中有可能沾染液体或少量化学品时可戴皮革手套。这些手套很适合在操作设备或热工作如切、割、焊等时使用。

3.3.2 特殊的PPE

一些特殊的工种需要特别的PPE。

（1）甲醛车间取样：全面罩、手套。

（2）制胶车间取样：护目镜、手套。

（3）维修：特殊工种特殊的PPE。

（4）散装三聚氰胺/尿素：防尘面罩。

（5）操作酸/碱时：防化服、手套（手部皮肤不可露在外面）、全面罩。

3.3.3 特殊工种的PPE

如下特殊的工种必须配有特别的PPE：沾有高危险化学品的容器入口，处理高浓度酸/碱或处理高腐蚀性的原料或是高毒性的原料。

（1）防化服。防化服的表里层材料都是防化学沾染的。操作高浓度的酸/碱时必须穿防化服。执行高危险的工作时（如维修危险原料的设备和管线）必须穿防化服。防化服不是一次性的，用后必须及时清洁，以便以后使用。

（2）防毒面具。在危险的空气条件下工作，必须戴防毒面具。列举如下。

① 进入有毒的容器内或低氧的容器内或执行紧急任务（如关阀或停泵）时，如救火（用消防管）及急救。

② 在有毒且低电位的场所工作，要佩戴特殊的防毒面具。所有员工都要参加紧急跑离的培训。然而只有一部分人需要培训使用防毒面具（消防、急救、工厂紧急关闭）。

任何人使用防毒面具前都要进行培训。

六、确保机械设备的安全

（一）机械、设备的安全化

工作就是人和物的结合，如果由于人的马虎或判断错误，就应想法让物来弥补这个缺陷。比如，作业者的行为不安全时，机械设备可以防止。总之，机械设备上的危险部位，要安装一种保护用的回转体，遇到异常，比如，身体一接触，机器就停止转动。

（二）从根本上解决安全化

① 表面上的安全性：机械设备安全的基本条件是消除表面上的危险性。

② 强度上的安全性：考虑使用上的各种过分情况，在设计和制造上需要考虑保

险系数。

③ 功能上的安全性：要像"防止错误装置"或"安全装置"那样，即使操作错误或动作错误，也不至于发生大的事故或灾害，而能经常转危为安。

④ 操作性：指机械设备具有作业者能够安全、容易地操作的特性。

⑤ 维护性：机械设备必须定期拆卸维修，检查和注油，在结构上必须具备安全和方便地进行拆卸维修、检查和注油的条件。

（三）安全装置

① 要考虑安全装置的充分有效性。
② 安装可靠的安全装置。
③ 保持安全装置的有效性。

（四）机械设备安全化的要点（防止五种恶性灾害事故）

① 机械设备的安全化：安装或设置罩或盖［图8-11（a）］、围子、动力隔断装置和安全装置、安全栅栏［图8-11（b）］等。
② 电气设备的安全化。
③ 为防止爆炸和火灾的设备安全化。
④ 为防止发生坠落灾害的设备安全化。
⑤ 为防止崩溃灾害发生的设备安全化。

（a）　　　　　　　　　　（b）

图8-11　机械设备的防护措施

七、确保消防安全

（一）管理要点

① 要保持消防通道畅通。

② 禁止在消火栓或配电柜前放置物品。
③ 灭火器应在指定的位置放置及处于可使用状态。
④ 易燃品的持有量应在允许范围之内。
⑤ 所有消防设施设备都应处于正常动作状态。
⑥ 空调、电梯等大型设施设备的开关及使用应指定专有负责人或制定相关规定。
⑦ 电源、线路、开关及使用应指定专人负责或制定相关规定。
⑧ 动火作业要采取足够的消防措施，作业完成后要确保没有火种遗留。

（二）配备基本的消防设施

工厂配备基本的消防设施通常如下。

① 室内消火栓（图8-12）。

图8-12　室内消火栓

② 室外消火栓（如图8-13所示，消防车紧急供水，任何人不得私自动用）。

图8-13　室外消火栓

③ 灭火器（如图8-14所示，手提式、推车式、悬挂式）。

图8-14　灭火器

④ 防毒面具、应急电筒（如图8-15所示，应急使用）。

图8-15　防毒面具、应急电筒

⑤ 安全出口指示灯（图8-16）。

图8-16　安全出口指示灯

⑥ 烟感、温感报警器（图8-17）。

图8-17　烟感、温感报警器

⑦ 应急照明灯（如图8-18所示，壁挂式）。

⑧ 火警手动报警器（图8-19）。

图8-18　应急照明灯　　　　图8-19　火警手动报警器

⑨ 事故广播设施（图8-20）。

图8-20　事故广播设施

⑩ 提示禁止标志（图8-21）。

图8-21　提示禁止标志

⑪ 消防服、隔热服（图8-22）。

图8-22　消防服、隔热服

⑫ 消防宣传栏（图8-23）。

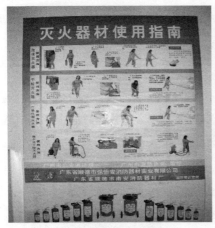

图8-23　消防宣传栏

（三）对消防器材进行定位与标志

消防栓、灭火器等平常备而不用，但万一需要用时，又往往分秒必争。由于企业用到它们的机会比较少，因而很容易让人忽视它们。所以应对这些消防器材善加管理，以备不时之需，具体可采用以下目视方法。

1.定位

灭火器等消防器材，找一个固定的放置场所，当意外发生时，可以立刻找到灭火器。另外，假设现场的灭火器悬挂于墙壁上，当灭火器的质量超过18千克时，灭火器与地面的距离应低于1米；若质量在18千克以下，则其高度不得超过1.5米。灭火器定位如图8-24所示。

图8-24　灭火器定位

2.标志

工厂内的消防器材，若常被其他物品遮住，势必延误取用的时机，所以要严格规定，消防设备前面或下面禁止放置任何物品。

3.禁区

消防器材前面一定要保持畅通，才不会造成取用时的阻碍。所以，为了避免其他物品占用，在这些消防器材前面，一定要规划出安全区，而且画上"老虎线"，提醒大家共同来遵守安全规则。消防器材整顿前后对比如图8-25所示。

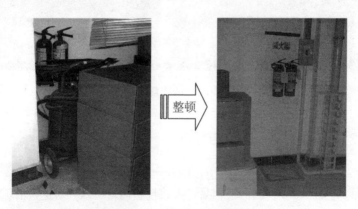

图8-25　消防器材整顿前后对比

4.放大的操作说明

通常是在非常紧急的时刻才会用到消防器材，这时人难免会慌乱，而在慌乱的情况之下，恐怕连如何使用这些消防器材都忘了。所以，最好是在放置这些消防器材的墙壁上，贴上一张放大的简易操作步骤说明（图8-26），让所有人来参考使用。

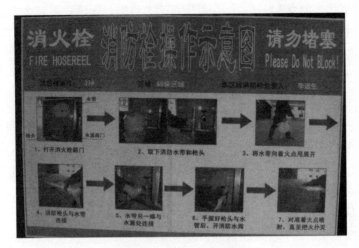

图8-26　操作说明挂墙上

5.明示换药日期

注意灭火器内的药剂的有效期限是否逾期，而且一定要按时更新，以确保灭火器的可用性。把该灭火器的下一次换药期，明确地标示在灭火器上，让所有人共同来注意安全。

（四）定期组织员工进行消防培训和消防演习

平时要强化员工的消防安全知识，同时为提高火灾防控能力和突发事件应急救援能力，可定期组织员工进行应急疏散演练及消防安全知识培训。

消防安全培训与演练包括以下内容。

1.火灾的性质与发展阶段

① 火灾的性质：首先要弄清是电起火还是其他物质引起的火灾。若为电起火，一定要先切断电源，然后再展开扑救。室内火灾具有三个特点：突发性、多变性、瞬时性。

② 火灾发展的四个阶段：初起、发展、猛烈、熄灭。

2.灭火的方法

灭火的方法包括冷却法、窒息法、隔离法、抑制法等。

3.了解各种灭火器的使用（手提式、推车式）

灭火器种类有干粉灭火器、泡沫灭火器、二氧化碳灭火器、1211灭火器等。

（1）手提式灭火器的使用和要领（1人操作）

① 左手提起灭火器，将灭火器上下颠倒几次，使干粉预先松动。

② 跑向至起火地点2米处，站在着火点的上风向，逐渐靠近着火点（或物），用手拔去保险销，右手握住喷嘴，左手用力压下压把，对准火焰的根部，左右扫射。由近及远，快速推进。不留残火，以防复燃。

③ 对油类火灾，应避免冲击液面，以防液体溅出，造成火灾的扩大。

（2）推车式灭火器的使用和要领（2人操作）

① 将灭火器推到火场（着火点）3～4米处，背向火源（置于上风向）。

② 取下喷枪，展开粉管（切不可有拧折现象）。

③ 一人两手紧握喷枪，双脚站稳，枪口对准火焰边缘根部，另一人拔除保险销，打开开关（慢慢开启），将干粉喷出，两人协同，由近及远，将火扑灭。不留残火，以防复燃。

④ 对油类火灾，应避免冲击液面，以防液体溅出，造成火灾的扩大。

注明：该灭火器的使用，只有在初起火灾中使用，对非初起火灾，不得使用（发展期火灾和最盛期火灾无效）。

4."三级教育""四懂""三会""四利用""五不要"

① "三级教育"：（消防）厂级教育、车间级教育、班组级教育。

② "四懂"：懂岗位火灾危险性、懂岗位预防火灾措施、懂岗位灭火方法、懂火灾报警方法。

③ "三会"。

第一会：会报警，电话报警（119），手动报警（按钮报警、击破报警），自动报警（烟感报警、温感报警）。使用电话报警时要沉着、冷静，不要恐慌，要讲清楚火灾地点、火情火势以便及时救护；在报警的同时要利用消防器材进行灭火。

第二会：会扑灭初起火灾及会使用灭火器。

第三会：会逃生和组织他人逃生：若被困在火场内生命受到威胁时，在等待消防员救助的时间里，如果利用地形和身边的物体采取有效的自救措施，就可以让自己的命运由被动转为主动，为生命赢得更多生机。火场逃生不能寄希望于急中生智，只有靠平时对消防常识的学习、掌握和储备，危难关头才能应付自如，从容逃离险境。正确的逃生要领如下。

a.听到火警铃时，所有人员立即停止工作，关闭所有机器设备。

b.火警发生时，辨明着火地点，选择正确的逃生路线，沿着畅通的走火路线逃离危险区域；或沿着指引人员指示的路线逃生。

c.走火灾专用通道或楼梯离开火场，切勿乘电梯；不得在逃生通道逗留或等人。

d.在浓烟区靠近地面的空气相对比较新鲜，所以在逃生时尽量伏地而行。

e.逃生时切勿呼叫，以免吸入过量浓烟而引起窒息。

f.逃生要有序和互助，切勿推挤、踩踏。

g.在大火封路时，用身边的灭火器开辟逃生道。

h.忌火场开窗，以免空气流通而增大火势；但大火封路，取道逃生除外。

i.身上着火，不能乱奔跑；脱掉衣服或就地打滚，用身体把火压灭；之后尽量采取冷却方法。

j.在无法逃出的情形下，尽量躲在洗手间等可封闭、有水或其他可延缓火势抵达的相对安全的地方，为救援赢得时间。在等待救援时要尽量向外发放求救信号。信号为与环境背景条件相反、易被发现的实物信号或声音信号。

④"四利用"：利用建筑物本身的疏散设施；利用缓降器；利用自救绳；利用避难空间。

⑤"五不要"：不要乘坐电梯；不要向角落躲避或到死胡同；不要为穿戴衣服、寻找贵重物品而浪费时间；不要私自重返火场救人或取财物；不要轻易跳楼。

5.消防水灭火的编队演练

消防水五人组合灭火分工如图8-27所示（水压较高的灭火行动）。

① 接警后，先到者为第一人，迅速打开消防箱，取出消防水枪，警示随后者，并迅速跑向火场，选择灭火的最佳位置。

② 第二人迅速提起一盘水带，跑出15米左右抛出，丢下一头，携带另一接头，紧跟第一人，接好水枪并帮助把持水枪。

③ 依次，第三人提起一盘水带，丢下一头，携带另一接头，紧跟第二人，接上第二人丢下的水带接头，后跟进帮助把持水枪。

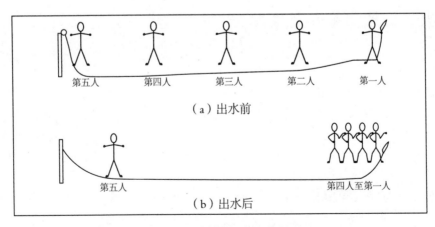

图8-27　消防水五人组合灭火分工

④ 第四人拾起第三人留下的水带接头,并接到消防栓的接头上,后跟进帮助把持水枪。

⑤ 第五人打破消防控制器玻璃,待4号队员接好水带后,迅速开启消防水,出水灭火。并随情况而定,帮助整理水带或必要时帮助把持水带。

八、配备急救药箱

急救箱最好不要有用到的机会,但万一需要用到它的时候,不但要分秒必争,同时最好是每个人都知道它放在哪里。

急救箱上均会有一个很明显的红十字,一般人都会知道它是干什么用的,有了这种明确的标示,万一需要用到它的时候,应该是很容易为大家所掌握的。但是如果有急救箱却没有药,等于没有!所以一定要备有常用药物(图8-28),并且经常检查药的有效期,在万一需要用的时候就能发挥作用!

图8-28　急救药箱一定要有常备药

九、定期实施安全检查

(一)工作场所时刻在变化

进行生产的工作场所,原材料在流动,机器在运作,作业者在动作,一切流动和固定的物质以及作业者的状态都在变化。监督者对这些变化,不容易分清的问题是,把异常状态看作正常现象。监督者对这种异常事故或灾害需要及早发现并加以纠正而恢复正常。

(二)为什么需要检查

工作场所由于人和物不停地动,所以机械设备、治(工)具等,在崭新的时候能够保持正常状态,但随着时间的推移要磨损和老化。因此,对工作场所的人和物的不安全地方和因素,需要随时和定期进行检查及提出来,并加以改进或纠正,这就是安全检查,其重点如下。

① 设备、机械、装置、治(工)具等的各部分保护装置是否经常处于良好状态。
② 对于危险或有害物品的使用管理是否符合安全要求。
③ 安全装置和保护用具是否安全。
④ 通道、地面和楼梯是否安全。
⑤ 照明、通风换气等作业环境条件是否合适。
⑥ 作业者的行动是否符合安全标准。

(三)实施检查的注意事项

① 安全检查制度化。
② 安全检查时也检查保全情况。
③ 有计划地进行检查。
④ 检查时必须填写检查表,纠正后一定要确认,看看情况如何。
⑤ 对运行中的和使用中的设备要确认有无异常情况。
⑥ 对作业者不可随意表示同情。
⑦ 指出的问题要提出改进措施并确认是否实施了改进措施。

(四)安全检查的内容

安全检查的内容如图8-29所示。

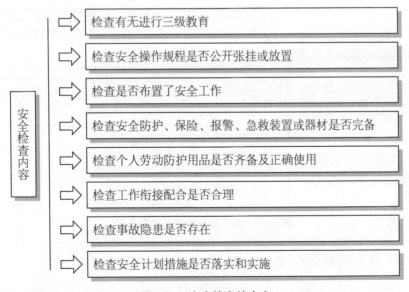

图8-29　安全检查的内容

（五）安全检查的方式

① 经常性检查。即安全技术人员和车间、班组管理人员对安全生产的抽查、日查、周查、月查。

② 定期检查。它是由企业或主管部门组织的，按规定日程和周期进行的全面安全检查。

③ 专业性检查。它是根据企业特点，组织有关专业技术人员和管理人员，有计划、有重点地对某项专业范围的设备、操作、管理进行的检查，如防火防爆、制度规章、防护装置、电气保护等。

④ 节假日前的例行检查。

⑤ 安全月、安全日的全员性大检查。

（六）个人的自我检查

自我检查是实施安全管理的重要方式，特别是对于那些新到岗的工人更为重要。自我安全检查的注意事项如图8-30所示。

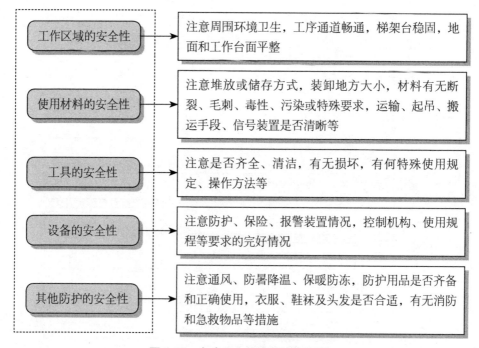

图8-30　自我安全检查的注意事项

（七）安全检查的处理

安全检查要做好详细的记录，按检查结果和问题进行分别整改及限期解决，并定期复查。

① 对不能及时整改的隐患，要采取临时安全措施，提出整改方案，报请上级部门核准。

② 安全检查必须写出小结，提出分析、评价和处理意见。

③ 实施奖励措施，让各个部门相互学习借鉴，共同把安全生产做好。

安全生产检查记录见表8-13。

表8-13 安全生产检查记录

项目	内容	得分	备注
安全管理	（1）安全计划及实施情况 （2）是否进行安全自检 （3）有无悬挂安全规程 （4）安全标语和标志悬挂情况 （5）各项安全记录填写、存档状况		
安全组织	（1）是否建立安全责任制 （2）义务消防队员是否有计划地开展工作 （3）班组安全员建设情况 （4）特殊岗位人员是否经必要的培训 （5）安全设施及急救药箱管理状况		
电气安全	（1）电气设备是否接地接零 （2）电气线路是否符合要求 （3）电气保护装置是否符合要求 （4）用电器具与可燃物距离是否符合要求 （5）电气操作人员防护是否妥当		
岗位安全	（1）遵守安全操作规程情况 （2）操作人员精神状况 （3）操作人员动作安全性 （4）装卸模具、治具是否安全 （5）岗位周围环境是否安全		
防火管理	（1）疏散线路标志是否清楚 （2）易燃易爆品管理、使用是否符合规定 （3）明火管制配备、布置情况 （4）消防器材配备、保护情况 （5）义务消防队员消防知识与能力		

续表

项目	内容	得分	备注
设备管理	（1）设备开关装置完好性 （2）设备防护装置可靠性 （3）设备保养检修情况 （4）工伤多发设备安全措施情况 （5）设备润滑和完好率情况		
升降机及搬运安全	（1）吊车安全操作规则执行情况 （2）是否遵守搬运安全规定 （3）升降机定期检查记录情况 （4）操作人员上岗证查核状况 （5）物料堆叠高度是否符合要求		
仓库管理	（1）仓库类物品是否分类存放 （2）电线电灯安全是否符合规定 （3）消防设备是否足够和适用 （4）通道是否畅通、安全 （5）危险品是否按规定存放		
环境安全	（1）道路是否通畅 （2）物品摆放是否整洁 （3）工作台及座椅是否安全 （4）地面有无脏乱、油污等状况 （5）楼梯是否牢靠安全		
其他	（1）劳保用品是否按要求佩戴 （2）旋转接卸作业员是否遵守规定 （3）女工头发是否盘扎好 （4）高空作业是否采取安全措施 （5）其他		

审核： 检查：

注：本表中每一项内容以2分考核，满分100分。

十、制定安全应急预案

为了避免突发事故时的慌乱，企业必须做好应急预案（图8-31和图8-32），以便及时合理处理安全事故。

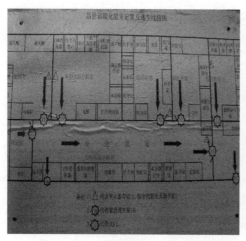 

图8-31 紧急疏散图要张贴在显眼处

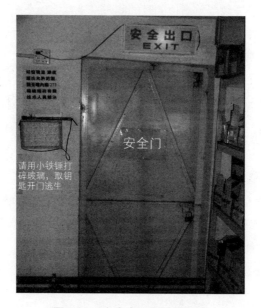

图8-32 安全出口要保持通畅

（一）应急预案的定义

根据ILO（International Labour Organization，国际劳工组织）的《重大工业事故预防规程》，应急预案的定义如下。

① 基于在某一处发现的潜在事故及其可能造成的影响所形成的一个正式书面计划，该计划描述了在现场和场外如何处理事故及其影响。

② 重大危险设施的应急预案应包括对紧急情况的处理。

③ 应急预案包括现场应急预案和场外应急预案两个重要组成部分。

④ 企业管理部门应确保遵守符合国家法律规定的标准要求，不应把应急预案作为在设施内维持良好标准的替代措施。

（二）应急预案的依据——危险评估

① 对于现场和场外的应急预案的第一步来说，工厂资方应系统地确定和评估在它的设施上能产生什么样的事故，并导致紧急事件。

② 现场和场外应急预案，这种分析应基于那些容易产生的事故，但其他虽不易产生却会造成严重后果的事故也应考虑进去。

③ 企业管理部门所做的潜在事故分析应指明：

a. 被考虑的最严重事件；

b. 导致那些最严重事件的过程；

c. 非严重事件可能导致严重事件的时间间隔；

d. 如果非严重事件被中止，它的规模如何；

e. 事件相关的可能性；

f. 每一个事件的后果。

如果有必要，应从供货商处索取危险物质的危害性质的说明。

（三）现场应急预案

1. 计划制订的依据

① 现场应急预案应由企业管理部门准备并应包括重大事故潜在后果的评估。

② 计划制订的依据为危险评估即事故后果分析，包括对潜在事故的描述、对泄漏物质数量的预测、对泄漏物质扩散的计算及有害效应的评估。

2. 现场应急预案的内容

① 潜在事故性质、规模及影响范围。

② 危险报警和通信联络步骤及方法。

③ 与政府及各紧急救援服务机构的联系。

④ 现场事件主要管理者（总指挥）及其他现场管理者的职权。

⑤ 应急控制中心的地点和组织。

⑥ 危险现场人员的撤离步骤。

⑦ 非现场但可能影响范围内人员的行动原则。

⑧ 设施关闭程序。

⑨ 节假日等特殊情况的安排。

（四）应急预案的注意事项

① 每一个危险设施都应有一个现场应急预案。
② 应急预案由企业制定并实施。
③ 企业负责人应确保应急所需的各种资源（人、财、物）及时到位。
④ 企业负责人应与紧急服务机构共同评估是否有足够的资源来执行这个计划。
⑤ 应急预案要定期演习。
⑥ 确保现场人员和应急服务机构都知道。
⑦ 根据内外情况的变化，应急预案要进行评估和修改。

（五）计划评估与修订

① 在制订计划和演练过程中，企业管理部门应让熟悉设施的工人包括相应的安全小组一起参与。
② 企业管理部门应让熟悉设施的工人参加应急预案的演习和操练；与设施无关的人，如高级应急官员、政府监察员也应作为观察员监督整个演练过程。
③ 每一次演练后，企业管理部门应核对该计划是否被全面检查并找出缺点。
④ 企业管理部门应在必要时，修改应急预案以适应现场设施和危险物的变化。
⑤ 这些修改应让所有与应急预案有关的人知道。

由于企业的实际情况各有不同，以下提供一份可供参考的应急预案范本。

安全生产事故应急预案

1. 目的

为了预防和控制潜在的事故或紧急情况，做出应急准备和响应，最大限度地减少可能产生的事故后果，特制定本预案。

2. 适用范围

本程序适用于公司区域内有可能发生的工伤事故、火灾、危险品泄漏、爆炸事故以及特殊的气候（如台风、暴雨洪水等）紧急情况。

3. 权责

3.1 管理中心负责制定重大事故的应急预案。
3.2 管理中心负责定期对消防队进行安全防火技能培训和组织消防演习，发生火灾时组织救护工作。

3.3 管理中心负责与消防、医疗等单位联系。

3.4 应急指挥中心负责遭受台风袭击或发生洪水灾害时组织抢险工作。

3.5 厂长应负责应急现场的统一指挥和调度工作。

4. 定义

无。

5. 作业规定

5.1 应急准备

5.1.1 公司成立应急指挥中心，由厂长指任应急指挥中心最高负责人，由管理者代表任副组长，指挥中心下设：抢救组、疏散组、支持组、救护组等。

5.1.2 事故易发生部门（车间、班组）成立应急队并落实应急措施。

5.1.3 每年举行一次应急演习，验证应急预案和措施。

5.1.4 管理中心负责制作包括有镇消防队、医院等单位以及公司各相关部门、管理人员、关键技术人员的通信联络表，并与消防队、环保局、安全生产局等保持联络，以获取环保、安全及卫生方面的相关信息。

5.2 应急响应

5.2.1 事故发生后紧急响应流程图（略）。

5.2.2 火灾/危险品泄漏发生事故时：

5.2.2.1 发现人员应迅速将此信息传递给管理中心和应急指挥中心，同时采取措施控制事故扩大，由管理中心联络各部门及消防队立即赶赴现场，组织救灾；

5.2.2.2 若火势不能控制，在应急指挥中心的统一领导下，立即通知镇消防队，报警时必须讲明起火地点、火势大小、起火物资、公司电话号码等详细情况，并派人到路口接警；

5.2.2.3 管理中心负责组织人员将受伤者转送医院或通知医院赶赴现场进行紧急救护；

5.2.2.4 其他管理人员参与协助现场的指挥、救护、通信、车辆的使用等调度工作。

5.2.3 工伤事故发生时：

5.2.3.1 各生产车间如发生工伤事故，最接近伤害者的同事或干部应立即报告部门主管及应急指挥中心，进行紧急救护及处理，并立即通知管理中心进行后续处理；

5.2.3.2 如属重大工伤事故者，管理中心应立即安排车辆紧急送医院治疗，并通知管理者代表进行后续处理。

5.2.4 自然灾害发生时：

5.2.4.1 自然灾害指水灾、地震、飓风、人为不可抗拒的灾害；

5.2.4.2 对于可预知的自然灾害（飓风、水灾等），管理中心主管应事前做好预防通知与准备；

5.2.4.3 自然灾害发生时，管理中心主管应组织救灾工作，并立即通知管理者代表进行后续工作。

5.3 纠正与完善

事故发生后管理中心应组织进行原因分析，写出"事故调查与处理报告"，针对导致意外事故的原因，如异常作业、操作人员缺乏培训等，由责任部门采取纠正措施，交管理者代表确认后予以事故记录实施。

十一、安全事故的处理

即使工厂的安全措施等做得很到位，但是安全事故还是时有发生。企业对于事故的调查处理就显得很关键。

（一）安全事故的分类

员工伤亡事故的性质按与生产的关系程度分为因工伤亡和非因工伤亡两类。

因工伤事故的伤害程度不同，工伤事故可分为轻伤事故、重伤事故和死亡事故。

（1）轻伤事故

指员工受伤后歇工一个工作日（含一个工作日）以下的事故。

（2）重伤事故

重伤事故认定如图8-33所示。

1	经医师诊断为残废或可能成为残废的
2	伤势严重，需要进行较大的手术才能挽救的
3	人体要害部位严重灼伤、烫伤，或虽非要害部位，但灼伤、烫伤等占人体全身面积1/3以上的
4	严重骨折、严重脑震荡的

图8-33

5 眼部受伤严重,有可能失明的

6 手部伤害造成拇指轧断一节的;食指、中指、无名指、小指中任何一指轧断两节或任何两指各轧断一节的;局部肌腱受伤甚剧,引起机能障碍,有不能伸屈致残可能的

7 脚趾轧断三根以上的;局部肌腱受伤甚剧,引起机能障碍,有不能行走自如致残可能的

8 内脏损伤、内出血或伤及腹膜等的

图8-33 重伤事故认定

（3）死亡事故

① 重大伤亡事故即一次事故中死亡1~2人的事故。

② 特大伤亡事故即一次事故中死亡3人及其以上的事故。

（二）安全事故发生的原因

安全事故发生的原因如图8-34所示。

机械的不安全状态	主要包括防护、保险等装置和设备、工具、附件的缺陷
个人防护用品的不安全	个人防护用品用具、防护服、手套、护目镜及面罩、呼吸器官护具、安全带、安全帽、安全鞋等缺少或有缺陷
环境的不安全状态	（1）生产场地环境不良 （2）操作工序设计或配置不安全,交叉作业过多 （3）地面滑。地面有油、冰雪、易滑物（如圆柱形管子、料头、滚珠）等 （4）交通线路的配置不安全 （5）储存方法不安全,堆放过高、不稳
操作者的不安全行为	操作错误、忽视安全、忽视警告；使用不安全设备；攀坐不安全位置（如平台护栏、吊车吊钩等）；穿不安全装束等

设计和技术上的缺陷	设计错误包括强度计算不准，材料选用不当，设备外观不安全，结构设计不合理，操纵机构不当，未设计安全装置等。常见的制造错误有加工方法不当（如用铆接代替焊接），加工精度不够，装配不当，装错或漏装了零件，零件未固定或固定不牢等
管理缺陷	包括安全操作规程没有或者不完善、劳动制度不合理、缺乏监督等
教育培训不充分	教育培训不够、未经培训上岗、操作者业务素质低、不懂安全操作技术等，都是发生事故的间接原因
领导不重视	对安全工作不重视，组织机构不健全，没有建立或落实现代安全生产责任制，没有或不认真实施事故防范措施，对事故隐患调查整改不力，这些关键是因为企业领导不重视

图8-34 安全事故发生的原因

（三）安全事故紧急处理

事故往往具有突然性，因此在事故发生后要保持头脑清醒，切勿惊慌失措，以免扩大生产和人员的损失及伤亡。一般按以下顺序处理。

① 切断有关动力来源，如气（汽）源、电源、火源、水源等。
② 救出伤亡人员，对伤员进行紧急救护。
③ 大致估计事故的原因及影响范围。
④ 及时呼唤援助，同时尽快移走易燃、易爆和剧毒等物品，防止事故扩大和减少损失。
⑤ 采取灭火、防爆、导流、降温等紧急措施，尽快终止事故。
⑥ 事故被终止后，要保护好现场，以供调查分析。

（四）工伤事故处理程序与原则

① 发生工伤时，负伤人员或最先发现的人应立即报告直接管理人员，并按如图8-35所示的工伤事故处理流程处置。
② 发生工伤事故，必须保护好现场，以利调查研究。
③ 要坚持"三不放过的原则"，即：
a.事故原因分析不清不放过；
b.事故责任者或员工没有受到教育不放过；
c.没有制定出防范措施不放过。

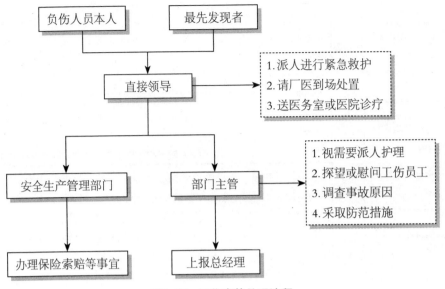

图8-35 工伤事故处理流程

（五）安全事故的调查

安全事故的调查步骤如图8-36所示。

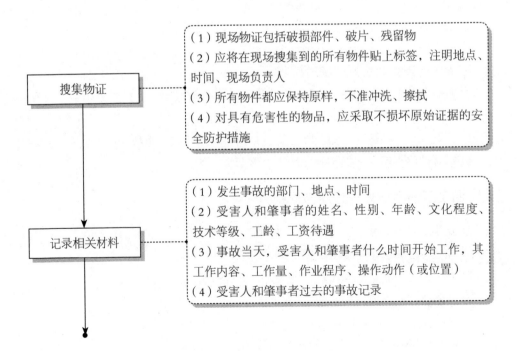

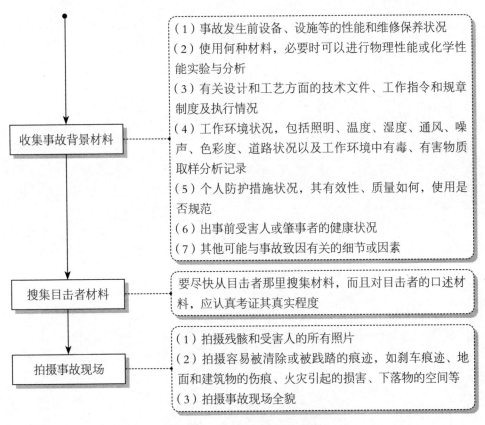

图8-36　安全事故的调查步骤

第三篇

现场4M1E的控制

为了实现现场管理目标,现场管理者应该用科学的管理制度、标准和方法有效地控制各生产要素——4M1E。4M1E是指Man(人,包括工人和管理人员),Machine(机,包括设备、工具、工位器具),Material(料,指原物料和辅料),Method(法,指加工、检测方法),Environments(环境),也就是人们常说的人、机、料、法、环现场管理五大要素。

本篇主要由以下章节组成。

➪ 1M——现场Man(人员)管理

➪ 2M——现场Machine(设备工装)管理

➪ 3M——现场Material(物料)的管理

➪ 4M——现场Method(工艺)的管理

➪ 1E——现场Environment(环境)管理

第九章 1M——现场 Man（人员）管理

导读

生产现场是企业生产力的载体，是员工（Man）直接从事生产活动，创造价值与使用价值的场所。人是生产现场的要素之一，人的管理对企业生产现场来说至关重要，因而企业应当采取各种措施，加强对员工的管理。

学习目标

1. 了解现场 Man（人员）管理有哪些具体措施，如员工的配备、识别、增员，员工的各类培训，员工出勤管理，夜班人员的安排，绩效考核等。
2. 掌握现场 Man（人员）管理的各项措施的操作步骤、方法和细节。

学习指引

序号	学习内容	时间安排	期望目标	未达目标的改善
1	员工的配备			
2	员工的识别			
3	增员管理			
4	现场工作规则的宣导与维持			
5	员工的OJT训练			
6	新员工的培训			
7	多能工的培养			
8	员工出勤管理			
9	做好岗位交接			

续表

序号	学习内容	时间安排	期望目标	未达目标的改善
10	夜班人员的安排与管理			
11	创造良好人际氛围			
12	生产员工的绩效考核			

一、员工的配备

现场人员的配备是根据生产现场作业的需要，为各种不同的工作配备相应工种和技术等级的员工，达到人尽其才、人事相宜、高效率、满负荷，以保证劳动生产率的提高。

（一）生产现场人员配备三大要求

生产现场人员配备的要求有以下三点。

1. 能发挥人员的专长和积极性

现场人员配备要根据员工在工种、技术业务等级、熟练程度、劳动态度等方面的差别，分配他们到合适的工作岗位上去，要了解员工的长处，尽量避免这一工种的人员做另一工种的工作，基本人员做辅助人员的工作，技术等级高的人员做技术等级低的人员的工作。

对于那些技术复杂、品质要求高的关键性工作岗位，则要配备技术熟练、经验丰富、责任心强的人去担任，并考虑给他们配备必要的助手和学徒。

快下白班时，新来的辅助操作工黄×、欧×黑着脸来找主管刘×。黄×说："主管，我要辞职！""噢？为什么？你也是吗？"他看了一眼欧×问。欧×垂着头："是的！""怎么啦，让我知道一下到底是什么原因？""主管，我们是辅助操作工，我们也知道这个职位肯定是要给大家打下手的，做一些搬搬抬抬的工作自然是难免的，这个我们已经做好心理准备了。可是你知道吗？今天我们两个人卸了三车货，一车盐，两车尿素，一共60吨，每包100斤，一共1200包，全部是我们两个人用双手抬着一个个码到叉车的托板上，然后才由其他的同事搬走，欧×力气又不够，上午还好一点，下午差不多全部是我拽着走。我知道咱们工厂的工资高，福利也还可以,可要是继续这样,我觉得我是有命赚钱也没命花啊,所以我还是走吧。""我也是这样想的,虽然我们能进这么好的工厂不容易,但是我还是觉得我没有办法适应这么大强度的体力活。工厂招我们的时候主要是看重我们是化工专业毕业的,让我们先做一些辅助的工作,等培训完熟悉了各个操作流程之后再培训做正式的操作工,并没有要求我们是体力很强的人。如果按照这样的工作量,我们真的吃不消。"主管刘×一听,头都大了,现在本来人手就缺,还一下走两个人,且这两个人还是本车间所需的专业人才。后来,主管刘×赶紧找人事部临时招了个搬运工才算了事。

2.能使每个人员都有明确的责任

配备员工时,对工作任务的数量、品质、完成期限等方面,都要有明确的规定,以利于建立岗位责任制,消除无人负责的现象。凡是可以由一个员工独立进行的工作,就尽量交给专人负责。凡是不可能由一个员工独立进行而必须由几个员工共同完成的工作,应设置作业组,同时,指定一名组长,并明确规定小组成员的职责范围。

3.能保证人员有足够的工作量

配备员工时要考虑工作量的大小,更要注意不要因分工过细而使员工负荷不足。如果某些工作的工作量小,员工负荷不足,就要考虑让他兼做其他工作的可能性。另外,长期从事一种简单、重复的工作,不利于其技术水平的全面提高和积极性的发挥,所以要适当扩大员工的工作范围,丰富其工作内容。

(二)具体配备

在具体进行人员配备时,应注意做好以下工作。

1.注意基本工人与辅助工人的比例

基本工人与辅助工人都是从事生产的,都属于直接生产人员,但他们在生产中所起的作用却不相同。若基本工人配备过多,辅助工人配备过少,就会使基本工人负担过多的辅助工作,影响基本工人专业技术的发挥;相反,辅助工人多了,也会影响劳动生产率的提高。他们之间的比例关系,应根据生产的特点和技术要求来拟订。

2.班制调配

中小企业在生产中都实施多班制,在进行人员的班制调配时,要安排合理的工作任务和休息,具体的调配要点如表9-1所示。

表9-1 班制调配要点

序号	基本要点	具体说明
1	倒班安排	长期上夜班容易导致员工疲劳,影响身体健康,在进行安排时不能固定人员,要定期轮换员工班次
2	组织轮休	在多班制的生产中,很难执行公休制度,所以要制定合理的人员轮休方案,并组织相关人员实行
3	夜班管理	合理安排,并做好夜班的生产、安全、人员保健管理

3.男女员工比例

由于企业生产的性质、工艺、劳动条件等情况不同,男女员工比例会有所不同。不管比例如何,在安排女性员工的工作时,必须考虑以下两点。

① 该工作是否适合女性的生理特性。

② 相同职业种类、相同学历的情况下,男女工资是否平等。

二、增员管理

(一)增员申请

出现员工离职或辞职的情形,现场主管应该及时向人力资源部门提出增员申请(表9-2),同时做好临时性人员的调配工作,使生产进度和质量不受影响。

表9-2 部门增员申请

部门				申请时间	
申请理由					
申请内容	工作岗位	现有	拟招人数	要求到位时间	要求条件(年龄,学历,技能,经验等)
部门负责人审批					
行政人事部审批					
副总经理审批					
总经理审批					

续表

需求变更	
需求部门确认	
人员到位名单	

（二）对临时补充人员的管理

临时补充人员到岗后，要对临时补充人员肩负起以下职责。

1. 告知

告知的内容包括作业安全要求、工作内容、质量标准、注意事项、异常联络等。

2. 指导

指导方面包括操作要点、异常处置、作业技能等。

3. 监督

监督主要是指出勤时间、安全规范、工艺纪律、工作质量、工作纪律等方面。

在外来支援人员结束工作之后，现场主管要以口头或书面的形式评价其工作表现，客观评价后要给予相应的肯定、表扬或批评，并告知本人及其直接领导，当然别忘了要道一声"辛苦"和"感谢"。

三、现场工作规则的宣导与维持

员工是现场作业的主体，也是提高生产效率的关键。因而对员工现场规则的宣导是很重要的，以促使员工彻底执行并加强完善。员工管理规则贴上墙如图9-1所示。

必须制定员工的行为准则，并张贴在醒目处

图9-1　员工管理规则贴上墙

（一）现场规则的内容

生产现场规则应具备的具体内容如表9-3所示。

表9-3　生产现场规则应具备的内容

序号	项目	内容
1	问候	（1）早晨、晚上的问候语要大声地说 （2）进入会议室和办公室等特别的房间之前，要敲门大声问候 （3）在通道上遇到来往客人时，要行注目礼
2	时间规律	（1）以良好的精神状态提前5分钟行动 （2）作业在规定的时间开始，按照规定时间结束 （3）会议按时开始，也应按时结束 （4）休假应提前申请
3	服装	（1）要着与工作场所的作业相符合的服装 （2）厂牌是服装的一部分，必须挂在指定的位置 （3）工作服要干净
4	外表修养	（1）男性不要蓄胡子 （2）不要留长指甲、涂指甲油 （3）保持口气清新 （4）女性应化淡妆
5	吸烟	（1）只在规定时间内吸烟 （2）只在指定场所内吸烟 （3）不乱扔烟头
6	言行	（1）对上司要正确使用敬语 （2）作业中不要说废话 （3）不可在工厂中走动 （4）不做危险的动作
7	遵守约定的事	（1）对指示的内容，在催促之前报告其结果 （2）借的东西要在约定时间之前返还 （3）如看到了整理、整顿的混乱，不要装着没看见，可自己处理，也可告知责任部门
8	认真地工作	（1）按作业标准进行正确的作业 （2）确认了指示内容后再采取行动 （3）发生了不良品或机械故障，应立即报告 （4）不在生产现场和通道上来回走动

（二）现场不符合规则的现象分析

1. 问题

现场规则是指为完成现场的生产目标，维持生产现场良好秩序必须遵守的约束，如不能遵守，就会产生以下问题。

① 员工懒散，工作没干劲。

② 员工不按指示去做，且同样的问题重复发生。

③ 员工迟到了，也没有人去注意，迟到者像没事一样。

④ 没有生产现场整体的总结，无论做什么也没有进行总结。

⑤ 员工完不成生产任务，好像与己无关，且在现场也没有研究以后应该如何去改善的氛围。

2. 原因分析

① 员工不了解现场规则。

② 拉长、班组长总是把责任推到下属身上。

③ 管理人员从来没有和员工说过话。

④ 管理人员对作业的失误也不认真批评。

⑤ 作业者对提高自己的能力缺乏自主性。

⑥ 现场内的告示太少，生产状况、目标之类的情况没有传达给现场，使生产人员不知道应该干什么。

（三）改正不遵守规则的措施

通过以上分析，对不遵守现场规则的原因有所了解后，应采取一些对策，制造有生气、有效率的生产现场氛围。

① 管理者引导。现场管理者要起到示范带头作用，应熟知并严格执行这些规则。

② 对下属交代工作应清楚明确。向属下交代工作可运用5W1H法，即做什么、为什么这样做、在什么时候之前完成、在什么地方做、怎样做。

③ 加强生产现场信息的交流，包括必要的生产所需的信息的交流。

④ 评价工作结果。

（四）现场工作规则的维持

1. 明确管理职能

明确管理职能如表9-4所示。

表9-4 管理职能

职能	描述
组织职能	明确组织内的责任和权限,并明确各人担当的工作
计划职能	明确各部门的职能,并明确每人应该负责的事
命令职能	使部下明确理解、接受工作的内容,积极地投入工作
调整职能	对于生产状况异常或变更,从最恰当的要求出发,调整、修正生产计划
统制职能	调查造成生产目标、计划和实绩不同的因素,明确其原因并采取适当的对策进行处置

2.必须强调生产指令的遵守

企业强调生产指令的遵守,须明确以下事项。
① 明确生产的目的。
② 告诉员工生产中应采取的必要手段。
③ 明确交货日期。
④ 具体地说明生产项目。
⑤ 明确指示"要严格遵守"的要点。
⑥ 对指示、命令的内容一定要求下属做记录。
⑦ 要员工确实地报告工作的内容。
⑧ 在生产进度减慢或异常发生时,要求员工迅速地报告情况。

3.导入5S活动并彻底实行

进行5S活动主要是以提高员工的素养来提升整个企业的综合素质。在实施5S活动的过程中,企业会形成一种良好和谐的氛围,实际上也确立了维持现场规则的基础。

四、员工的OJT训练

对于员工的教育与训练可分为OJT(On the Job Training,现场内的训练)与Off-JT(Off the Job Training,现场外的训练)。一般把在生产现场进行教育、训练的事情称为OJT,而Off-JT,即离开现场的教育、训练主要采取集中起来教育研修的形式进行。操作步骤直接贴上墙如图9-2所示。

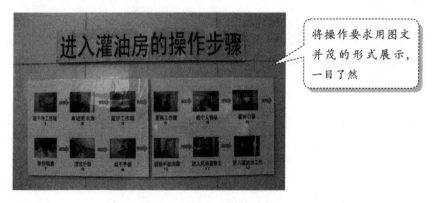

图9-2 操作步骤直接贴墙上

（一）OJT实施的理由

① 在生产现场对作业员最有影响力的是其上司。

② 生产现场发生问题如果不是生产现场的管理者去处理，解决不了的事情就很多。

③ 生产现场的业绩和实绩是管理者及其部下的工作总和，所以对部下的教育、培养是管理者的重要工作。

（二）实施OJT的目的

① 促进生产现场的交流，强化生产现场的合作。

② 提高作业者的工作热情。

③ 有效地实施生产现场的工作，就能完成生产目标。

（三）OJT的实施步骤

1.确定受教育者

确定受教育者，首先要列举其完成生产现场的各种作业所需要的能力，这里所说的能力是指与作业有关的知识、作业的顺序、作业的要点、应该达到的品质水准和作业速度、作业后的检查要点；接着是对分配至流水线的作业者拥有能力的评价，找出其必要能力和实际能力之间的差距，确认作业者能力不足的部分。

2.准备教材

实施作业书面化，将作业标准以文件的形式表现出来，即编制作业指导书。作业指导书起着正确指导员工从事某项作业的作用。

作业指导书要明确作业要求的5W1H。

① 作业名称：做什么（What）。
② 作业时间：什么时候做，在哪道工序前或哪道工序后（When）。
③ 作业人：谁去做（Who）。
④ 作业地点：在哪儿做（Where）。
⑤ 作业目的：为什么要这么做（Why）。
⑥ 作业方式：所有工具及作业方法、关键要点（How）。

3.进行实际作业指导

进行实际作业指导，按如图9-3所示的三个步骤进行。

第一步	对作业进行说明。着重讲解作业的5W1H
第二步	自己示范一遍，让员工跟着操作。示范时，对每一个主要步骤和关键之处都要进行详细说明，再针对重点进行作业指导；然后让员工试着进行操作，并让其简述主要步骤、关键点和理由，使其明白如果有不正确的地方要立即纠正；在员工真正领会以前，要多次地反复进行指导
第三步	注意观察，对其操作不符合要求或不规范之处要进行指导

图9-3　实际作业指导的步骤

五、新员工的培训

新员工是指新近录用的人。有时也指内部转换岗位尚未熟练掌握工作的人。新员工由于初来乍到，不清楚各种业务处理途径，就会出现一些难以避免的错误行为。尤其是他们对所属岗位的相关作业等不太熟悉，所以企业一定要对其进行各方面的培训。

（一）新员工的特征和问题

① 不能正确地使用礼貌用语，在过道上和上司、客人擦肩而过也不打招呼。
② 由于不知道对上司的言语措辞，所以被上司问到"明白吗？"后，只能回答"嗯，明白了"之类的话。
③ 不知道工作场所的礼仪。不知道开关门的礼貌、吃饭的礼貌、工作结果的报告方法、异常时的处理方法等。
④ 不能做实际事务，尤其是刚毕业的学生。
⑤ 由于被斥责少，所以一被上司注意或斥责，就容易变得消沉或极端地反抗。

⑥ 开会时随意地和旁边的人说话。

⑦ 对不熟练的作业，凭自己的一点经验和知识就去做。

⑧ 工作进行一不顺利，就埋怨别人，既不谦虚地进行自我反省，也不考虑防止再次发生的对策。

⑨ 不知道团队如何协作，也不去考虑。

（二）对新员工培训的方法

① 应以新员工为对象制作简单的培训手册，内容以公司的组织、职场的礼仪为中心内容，在新员工入厂时就进行培训，之后3个月对培训项目中做得不很好的员工要追加培训。

② 上司看到新员工做了不符合要求的事情时，应马上纠正，不要留待事后处理。

（三）新员工培训的内容

新员工培训的内容如表9-5所示。

表9-5　新员工培训的内容

序号	培训项目	说明
1	相应规则的遵守	（1）遵守时间规则。要告诉新员工上下班的时间，请假时要事先申请等 （2）遵守服装规则。告知新员工厂服穿着要求和规定，可以用现物来说明或通过描绘成图来说明
2	礼仪方面的培训	（1）礼节。告诉早晚时同事间见面的礼仪礼节，而且指导其要大声地问好。也要告诉其对来宾的礼仪礼节 （2）言语措辞。作为对上司的言语措辞，告诉其敬语的使用方法
3	具体作业的培训	（1）动作。在通道和生产场所不要跑动，告诉新员工应整齐有序地放置好材料和工具 （2）严格依据作业指导书作业。新员工要做好工作，就要依据作业指导书来进行作业。使自己迅速成为能独立工作的作业者，进一步努力改善作业以谋求作业水平的提高 （3）不好的、糟糕的事情，如不良品发生、机械故障、劳动灾害发生时，新员工要迅速告知上司 （4）被命令或者指示过的事情，新员工要在被催促之前就进行报告，并应养成习惯 （5）上司指示的事情新员工应在询问理解后再着手做

六、多能工的培养

掌握两种以上作业技能的员工为多能工。一岗多能是应付员工流动的重要条件，也是培养一线骨干的重要途径。

（一）多能工的培养重点

要想培养多能工，必须遵守以下几个要点。

1.作业简单化

生产过程中，要特别注意需要特殊技能的作业，尤其是切换、调整作业。在这类作业中要持续不断地进行简单化的改善，使之成为谁都可以胜任的作业。

2.管理者的指导

多能工的培养，离不开管理者的悉心指导。作业人员不可能清楚流程中的所有作业，培养多能工是负责生产第一线的现场主管的一项重要工作。

3.标准作业

即使是什么也不知道的新员工，按照作业指导书指示的步骤方法也能作业。任何人在作业时，都能够在作业场所附近得到自己所需的相关资料。这就对我们的标准作业工作提出了很高的要求。

4.全员的推进参与

多能工化如果只是在某些工序实行，难以取得成功。应该在工厂领导的倡导下，全工厂推进，全员参与。

5.制订计划

培养多能工不是一朝一夕的事，而是脚踏实地一点点、一步步前进的长期工作。所以，多能工化的计划特别重要。

____厂____楼____线多能工培训计划见表9-6。

表9-6　____厂____楼____线多能工培训计划

姓名	工号	新工种	熟悉工种					
			⊕	⊕	⊕	⊕	⊕	⊕
				⊕	⊕	⊕	⊕	⊕
					⊕	⊕	⊕	⊕
						⊕	⊕	⊕
							⊕	⊕

注：1.培训人员熟练度达标准熟练度的25%时，填满1/4个圆；达50%时，填满1/2个圆；达75%时，填满3/4个圆；达100%时，全部填满。

2.在表格内每个熟练度的斜上方或斜下方填写培训日期，如：

3.计划用铅笔填写，实际培训结果用圆珠笔覆盖。

制表人：

6.迅速改良设备

使用不便的设备要改良，才能适应多人操作。这时，生产技术部门及设备管理部门必须组建"设备改善快速反应部队"，才能适应改造要求。当然，简单的改造能教会作业人员自己做就更好了。

7.绝对安全

如果对自己所学工程了解不充分的话，就存在一定的危险。所以对一些安全要求高的工程，就不要强行多能工化。

8.要进行鉴定并有奖励

对多能工的技术技能要定期进行鉴定，并对获得资格认证的员工给予一定的奖励，奖励可以体现在工资上。

多能工资格鉴定一览见表9-7。员工资格认证状况贴上墙如图9-4所示。

表9-7　多能工资格鉴定一览

厂别：_____　　　线别：_____　　　日期：_____

姓名	工号	基础工种	鉴定工种	鉴定者签名		
				组长	现场IE	品管
副协理		（副）经理		部门主管		
企划		IE主管		制表		

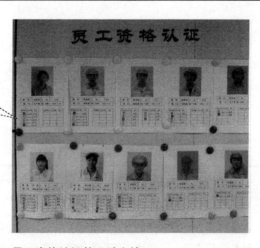

将获得各技能资格认证的人的照片及技能项目张贴出来可大大地激励员工

图9-4　员工资格认证状况贴上墙

(二)多能工培养的方式

多能工主要是通过让老员工接受新的技能培训来实现,新的技能主要通过岗位培训来掌握,其方法与新员工岗位培训类似。

1.技能或岗位选择

所有的岗位都必须有两人以上能独立操作,所有的技能都必须有多人完全掌握,重点要加强重要岗位、关键技能的多能工培养。一般员工要掌握两种基本技能,骨干员工要掌握三种以上技能。

2.人员的选择

在人选安排上,多能工培养要优先选择工作态度好、原有技能稳定、工作质量高的员工,重要岗位、关键技能要选择文化基础好、领悟能力高的员工。

3.培养方式

多能工培养有岗位轮换、计划性上岗培训和脱岗培训三种主要形式(图9-5),其中前两种为主要形式。

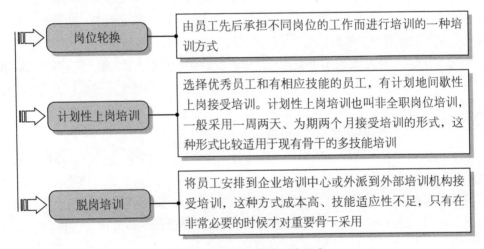

图9-5 多能工培养的三种形式

培养员工成为多能工,要像培养新员工一样认真对待,要善于利用"1+1""传、帮、带"师徒捆绑考核、技能比赛等活动,与人员后备管理、员工技能管理融合在一起进行。

七、员工出勤管理

出勤管理是实施人事考核的最基础的工作。它事关员工考勤管理和工资结算,影响到现场人员调配和生产进度，涉及人员状态把握和生产活动能否运转。随时把握员工的出勤状态并进行动态调整，才能确保日常生产顺利进行。出勤管理主要包括时间管理和状态管理。

（一）时间管理

时间管理是指管理员工是否按时上下班，是否按要求加班等情况，其核心是管理员工是否按时到岗，主要表现为缺勤管理。一般来说，员工缺勤有迟到、早退、请假、旷工、离职等几种情形。

① 对于迟到、早退等情况，应该向当事人了解原因，同时严格执行工厂考勤制度。除非情况特殊，一般要对当事人进行必要的个别教育或公开教育，对于多次迟到、早退且屡教不改的，应该升级处理。

② 员工请假需按照企业制度，提前书面请假且获得批准后才能休假。特殊情况下可以口头请假，现场主管需要确认缘由，并进行恰当处理，既要显示制度的严肃性，又要体现管理的人性化。

③ 出现员工旷工时，应该及时联系当事人或向熟悉当事人的同事了解情况，确认当事人是出现意外不能及时请假，还是本人恶意旷工。如果是前者，应该首先给予关心，必要时进行指导教育；如果是后者，则应该当作旷工事故按制度严肃处理。

④ 遇到员工不辞而别的离职情形，应该及时联系当事人或向熟悉当事人的同事了解情况，尽量了解员工不辞而别的原因。如果是工作原因或个人没想好，该做引导挽留工作的要做引导挽留，就算是员工选择了离职也要给予必要的感谢、善意的提醒，必要时诚恳地听取其对工厂、班组和本人的意见或建议。

员工出勤的时间管理可以根据考勤进行出勤率统计分析，从个人、月份、淡旺季、季节、假期等多个角度分析其规律。例如，夏季炎热，员工体力消耗大，因身体疲劳或生病原因缺勤的情形就会增多。掌握历年来的规律能为班组定员及设置机动人员提供依据，做到提前准备，及时调配。员工上班考勤如图9-6所示。

每个员工都有张考勤卡，上班前要打卡

图9-6　员工上班考勤

（二）状态管理

状态管理是指对已出勤的员工在岗工作状态进行的管理。其精神状态、情绪、体力如何，现场主管可通过观察员工表现、确认工作质量进行把握，必要时可进行了解、交流、关心、提醒、开导。当发现员工状态不佳，难以保证安全和质量时，要及时采取措施进行处理；如果发现员工有个人困难而心绪不宁甚至影响工作时，要给予真诚的帮助。所以现场主管要学会察言观色，对员工要出自内心的关心，确保生产顺利进行，确保员工人到岗、心到岗，状态到位、结果到位。新员工介绍看板如图9-7所示。

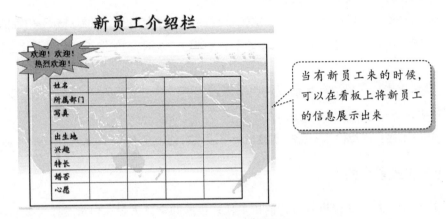

图9-7　新员工介绍看板

八、做好岗位交接

现场管理须严格岗位交接班制度，做好岗位工作衔接，确保安全、文明、均衡地生产。在多班制操作设备的情况下，无论操作人员、班（组）长、值班维护工或维修组长，都应该在交接班时办理交接手续。

（一）交班要求

① 交班前工艺要求：一小时内不得任意改变负荷和工艺条件，生产要稳定，工艺指标要控制在规定范围内，生产中的异常情况得到消除。

② 设备要求：运行正常、无损坏、无反常状况，液（油）位正常、清洁无尘。

③ 原始记录要求：认真清洁，无扯皮，无涂改，项目齐全，指标准确；巡回检查有记录；生产概况、设备仪表使用情况、事故和异常状况都记录在记事本（或记事栏）上。

④ 其他要求：为下一班储备消耗物品，工器具齐全，工作场地卫生清洁等。

⑤ 接班者到岗后，详细介绍本班生产情况；解释记事栏中写到的主要事情；回答提出的一切问题。

⑥ 三不交：即接班者未到不交班、接班者没有签字不交班、事故没有处理完不交班。

⑦ 两不离开：班后会不开不离开车间；事故分析会未开完不离开车间。

（二）接班要求

① 到岗时间：接班人应提前30分钟到岗。

② 到岗检查项目：生产、工艺指标、设备记录、消耗物品、工器具和卫生等情况。

③ 接班要求：经进一步检查，没有发现问题；及时交接班；在操作记录上进行签字。

④ 接班责任：岗位一切情况均由接班者负责；将上班最后一小时的数据填入操作记录中；将工艺条件保持在最佳状态。

⑤ 三不接：岗位检查不合格不接班；事故没有处理完不接班；交班者不在不接班。

（三）班前会的召开

① 参加人员：交接班双方的值班主任；接班的全体人员；白班交接时要有一名车间领导参加。

② 参会人员必须穿工作服、戴工作帽，严禁穿高跟鞋和带钉子的鞋。

③ 时间要求：提前20分钟点名，准时开会。

④ 会议内容：交班值班主管介绍上班情况，各岗位汇报班前检查情况，接班值班主管安排工作。

⑤ 车间领导指示。

（四）班后会程序

① 参会人员：交班者全体，白班交班时要有一名车间领导参加。

② 班后会时间：岗位交班后召开。

③ 内容：各岗位人员介绍本班情况、值班主管综合发言。

④ 车间领导指示。

（五）检查与考核

车间领导每日都要检查一次。公司劳动纪律检查委员会和生产技术部门实行不定期检查。检查的结果要纳入经济责任制考核。

九、夜班人员的安排与管理

由于生产的需要，生产现场往往是一天24小时不停地在运作，因而需采用三班倒的形式，这就不可避免地要安排夜班工作。由于夜晚工作环境的变化及人体生物钟的影响，人员夜晚工作质量与白天相比较而言可能会有一定的下降，因此，作为现场主管，有必要做好夜班人员的管理工作。

（一）夜班工作安排

对于上夜班的人员，需根据员工的具体需求、具体情况安排工作。

1.了解工作情况并做好记录

作为现场主管，首先应对夜班的工作情况有详细的了解并做好记录。在充分考虑夜班工作强度的条件下，调整夜班人员的数量，做到人性化的安排。同时，设立夜班质检，划分出责任（比如拉长、工序负责人、组长），安排专职人员不定期查岗，加强班中的巡回检查等。

2.对夜班人员进行选择

在对夜班人员的安排上，要对上夜班者进行合理选择。对患有慢性疾病或心理状态不佳的，或平时就有睡眠障碍的人，则不应安排夜班。

3.为员工创造良好环境

应为夜班员工创造良好的工作和生活环境。比如，工作场所物品应摆放整齐，照明良好，色彩鲜艳。另外，为了消除员工长时间工作的疲劳，还可在工作场所播放与工作氛围相适宜的音乐；员工工间小憩环境应安静、舒适，光线明暗适宜，利于休息。

4.对员工生活合理安排

作为现场主管，除了分配好员工工作之外，对夜班员工生活也给予合理安排与照顾，注意饮食与营养。如夏天备足消暑的糖水、茶水及饮料等，冬天则提供保暖的饮食，如糕点、夜宵等，确保员工吃饱、吃好。

（二）夜班安全管理

1.夜班不安全生产现状

① 睡岗现象普遍，尤其是人员较少的岗位，睡岗现象更为突出。

② 看书报、干私活现象较普遍。

③ 迟到早退、串岗聚岗现象较普遍。

④ 巡检不落实，次数减少，设备运行状况心中无数现象较普遍。

2. 夜班安全管理措施

① 安全喊话。利用交接班会，根据存在的问题，有针对性地进行安全喊话，时时敲响安全警钟，不断增强安全生产意识。

② 安全检查。厂每周、车间每班次、班每小时进行一次中夜班的安全检查，查处各类违章违纪行为。

夜班主管巡检（周）见表9-8。

表9-8 夜班主管巡检（周）

巡检时间段： 夜班主管： 审核：

巡检班组	巡检内容	星期一		……	星期六	
		上半夜（ ）	下半夜（ ）		上半夜（ ）	下半夜（ ）
	班组员工到岗情况					
	现场工作纪律					
	其他异常情况					
	班组员工到岗情况					
	现场工作纪律					
	其他异常情况					
	班组员工到岗情况					
	现场工作纪律					
	其他异常情况					

注：1.巡检的主要内容参考"夜班管理人员职责"中规定的巡检内容，及"车间管理规定"等内容。

2.每周将记录有违纪内容的该表上交生产部经理检查。

③ 巡检拨钟。各岗位每小时定点巡检拨钟或翻牌，检查设备运行状态。

④ 岗位练兵。通过开展每日一题的专业知识答题卡岗位练兵活动，既加速工作节奏，又提高技术水平和处理事故状态下的操作应变能力。

⑤ 改造工作环境。增大操作室透明度，消除安全检查视线"盲区"，降低侥幸心理出现的概率。

⑥ 重奖重罚。对安全措施做得好的重奖，违章的重罚，行使安全一票否决权。

（三）夜班人员保健

除了做好人员的工作安排之外，人员的保健工作也不容忽视，这样才能让自己的团队保持旺盛的精力投入新的工作。夜班人员的保健工作可从以下几个方面入手。

① 在为夜班人员安排饮食时，就要注意分量与营养，尤其要让员工吃饱、吃好，并注意食品不能太咸，不能为了让员工提神，让其喝太浓的茶或咖啡等刺激性饮料。

对于夜班人员在伙食安排上应增加一些营养丰富可口的饭菜，吃些富有动物蛋白和植物蛋白的食物。另外，夜班工作易致视觉疲劳，因此，对夜班人员要注意补充含维生素A较多的食物，如动物的肝脏、蛋黄、鱼籽等，蔬菜、黄豆、番茄、胡萝卜、红辣椒含有较多胡萝卜素，也可在体内转化为维生素A，可适当多吃些。

② 要让员工保持心情愉快。因为上夜班，有些人开始有些不习惯，可能会产生烦躁、倦怠等情形，所以一定要多留意员工这方面的情绪，一发现苗头就应采取相关应对之策，以让生产保质保量顺利完成。

③ 对于夜班人员，还应注意其防寒保暖，特别是秋冬昼夜温差较大，清晨下班时，室内外温差更大，所以，应提醒员工及时加衣，以防诱发感冒或其他疾病。

④ 既要保障生产，又要兼顾员工的身心健康和家庭和谐，使员工有时间与家人一起共度。

十、创造良好人际氛围

（一）人际氛围对工作状况的影响

福特公司的一家分厂，由于管理不善濒临倒闭。后来总公司派来了一位很能干的管理者。在他到任的第三天，巡视中他发现了问题的症结：偌大的厂房里，一道道流水线如同一道道屏障阻隔了工人之间的直接交流，轰鸣的机械声、刺耳的噪声更使人们进行工作的信息交流难以实现。再加上工厂濒临倒闭，过去的领导一个劲儿地要实现生产指标，而将大家一起聚餐、厂外共同娱乐的时间压缩到了最低限度。所有这些都导致员工们彼此谈心、交往的机会微乎其微，冷漠的人际关系也使员工们热情大减，甚至相遇连招呼都不会打。

这位新任管理者在敏锐地觉察到这一问题之后，果断地决定，以后员工的午餐费由厂里负担，希望所有的员工都能欢聚一堂。在员工看来，工厂可能到了最后关头，需要大干一场了，所以心甘情愿地努力工作。其实这位经理的真正意图在于给员工们一个互相沟通了解、建立信任的空间，使组织的人际关系有所改善。

更值得赞叹的是，每逢中午大家就餐时，他还亲自在食堂的一角为员工们烤肉，这令所有的员工都备受鼓舞。于是餐桌上员工们纷纷为提高工厂效益献计献策，寻找最佳解决途径。

五个月过去了，这位管理者的苦心没有白费，尽管机器依旧轰鸣，它却已经不能再阻碍人们内心深处的交流了。工厂业绩开始回转，并奇迹般地开始盈利了。

这应该是工厂效益和人际关系的最佳案例之一。这位管理者在工厂濒临倒闭的情况下，冒着成本增加的危险，拯救了工厂不良的人际关系，使所有员工又都回到一个和谐的氛围中。

很多人都有过这样的经历：当自己受到别人攻击、讥讽或陷害之后，无论面对的是多么重要、多么复杂的工作，都会提不起精神来，工作的思绪会常常被突然出现的愤怒所打断。所以，没有一个平和的心情，员工不可能全力以赴地工作。

同样地，人际关系与现场效益之间的关系也是十分密切的，有没有正常的人际关系是现场员工能否最大限度地发挥个人能力的关键。

（二）不健康氛围的表现

作为现场主管，必须塑造健康的工作氛围。以下介绍不健康工作氛围的表现，请现场主管与自己工作场所的现状进行对照，作为发现问题的线索。

① 员工经常为一些鸡毛蒜皮的事争吵。
② 员工不能感到相互合作的态度。
③ 员工在会议上不提出意见，即使提也多是消极悲观的意见。
④ 即使听到上级的指示，也不按指示执行。
⑤ 流言散播迅速，背后说人闲话的多。
⑥ 失败一次，就一再被作为例子提出。
⑦ 员工仅做被指示的事，不愿做指示以外的事。
⑧ 员工不能说出想说的话。
⑨ 员工报告不够，很少找管理者提出意见。

（三）创造良好人际氛围的方式

1.明确工作职位之间的分工

岗位之间的合作是否顺利是工作氛围好坏与否的一个重要标志，明确的分工才能有良好的合作。各岗位职责明确,权力明确,并不意味着互不相关,其实所有的事都是工厂的事,都是大家的事,职务分工仅仅是说工作程序中各项工作是由谁来具体执行的,如此才不会发生互相推诿等影响工作氛围的情况。

以下案例就是因为职责不明确而导致大家互相推诿责任。

拉长王×今天心情很不好,刚才他被生产经理叫过去,批评他们生产线上个月25日出的产品由于没有贴标签,客户不知道产品的储存条件,将产品直接放在车间加工,而车间温度太高,所有的胶都变成了固体。现在客户要求将20吨产品全部退回。于是王×询问他的员工:"上个月25日晚上是谁贴的产品标签?"

"不记得了。我那天好像是有点不舒服就没有去进行罐装,一直在控制室里看着,怎么会是我呢?"李×阴沉着脸说。

张×说:"我那天是参加罐装了,但从来没有听说还要贴标签。再说出货的时候还有孙×看着呢,不知道他有没有留意到?"

孙×说:"我也不知道啊,我只看看里面有没有MSDS和COA单,没有谁让我检查标签到底有没有贴啊!"

2.在现场落实企业文化

可以从企业文化着手,提高员工工作激情,营造一个相互帮助、相互理解、相互激励、相互关心的工作氛围,从而稳定工作情绪,激发工作热情,形成共同的工作价值观,进而产生合力,达到组织目标。企业文化宣传标语如图9-8所示。

图9-8 企业文化宣传标语

3.做好内部沟通

真诚、平等的内部沟通是创造和谐工作氛围的基础。生产现场内部绝对不应允许有官僚作风存在，职务只代表分工不同，只是对事的权责划分，应该鼓励不同资历、级别的员工之间的互相信任、互相帮助和互相尊重。每一个员工都有充分表达创意和建议的权利，能够对任何人提出他的想法，主动地进行沟通，被沟通方也应该积极主动地予以配合、回答或解释，但沟通的原则应是就事论事，绝不可以牵涉其他方面。

4.重视团队建设，营造宽松的工作氛围

生产现场内应该有良好的学习风气，现场主管要鼓励和带领团队成员加强学习先进的技术和经验，在进行工作总结的时候应该同时进行广泛而有针对性的沟通和交流，共同分享经验，不断总结教训。

十一、生产员工的绩效考核

生产现场员工的绩效考核，主要从工作量（数量）、工作效果（质量）以及本职工作中的改进和提高等方面进行。具体在实施考核时可采取以下方法。

（一）生产记录法

即根据生产现场的记录进行考核的方法。记录的内容是生产或其他工作中的"数"或"质量"的成绩，以及原材料或时间的消耗等。记录的单位可以用产品数量、合格率、时间消耗等来表示。考核者将这些记录汇总整理，以此对员工进行考核。

这种方法能如实反映工人的工作情况，容易被工人理解和接受。但工作量较大，需配备专职记录员和统计员进行考核及记录与汇总工作。

（二）专家评定法

即根据事先确定的许多表示员工行为规范、劳动态度、性格气质等的适用性评语，通过专家对考核对象进行观察，而后对其进行评定。如某企业有如下一些适用性评语。

（　）积极　　　（　）懒惰　　　（　）认真　　　（　）马虎
（　）诚实　　　（　）不诚实　　（　）谦虚　　　（　）骄傲
（　）坦率　　　（　）乖僻　　　……

有关专家可在评语前括号中标出肯定或否定的符号。这种方法可以较清晰地描述出一个人的形象，对员工的调换工作，有目的培养和提拔等有一定参考价值，但不能直接作为升级或提高待遇的依据。

(三)量表法

量表法通常要做评价指标分解,并划分等级,设置量表(尺度)。该方法可实现量化评估,而且操作也很简捷。以下是一种可供参考的表格(表9-9)。

表9-9 量表法绩效评价

工作绩效评价要素	评价尺度/分	评价事实依据或评语
① 质量:所完成工作的精确度、彻底性和可接受性	A □ 91~100 B □ 81~90 C □ 71~80 D □ 61~70 E □ 60以下	分数:
② 生产率:在某一特定的时间段中所生产的产品数量和效率	A □ 91~100 B □ 81~90 C □ 71~80 D □ 61~70 E □ 60以下	分数:
③ 工作知识:实践经验和技术能力以及在工作中所运用的信息	A □ 91~100 B □ 81~90 C □ 71~80 D □ 61~70 E □ 60以下	分数:
④ 可信度:某一员工在完成任务和听从指挥方面的可信任程度	A □ 91~100 B □ 81~90 C □ 71~80 D □ 61~70 E □ 60以下	分数:
⑤ 勤勉性:员工上下班的准时程度、遵守规定的工间休息/用餐时间的情况以及总体的出勤率	A □ 91~100 B □ 81~90 C □ 71~80 D □ 61~70 E □ 60以下	分数:
⑥ 独立性:完成工作时需要监督的程度	A □ 91~100 B □ 81~90 C □ 71~80 D □ 61~70 E □ 60以下	分数:

评价等级说明:
  A.在所有方面的绩效都十分突出,并且明显地比其他人的绩效优异得多。
  B.工作绩效的大多数方面明显超出职位的要求。工作绩效是高质量的,并且在考核期间一贯如此。
  C.是一种称职的可信赖的工作绩效水平,达到了工作绩效标准的要求。
  D.在绩效的某一方面存在缺陷,需要进行改进。
  E.不令人满意。工作绩效水平总体来说无法让人接受,必须立即加以改进。绩效评价等级在这一水平上的员工不能增加工资。

（四）业绩评定表法

根据所限定的因素来对员工进行绩效评估，这种方法通常可以使用多种绩效评估标准。

表9-10既选用了工作量、工作质量、可靠性等绩效标准，又包含了与一个员工未来成长和发展潜力有关的四个指标。

表9-10　业绩评定法绩效评价

员工姓名：　　　评价人员：　　　工作岗位：　　　评价期间：
部门：　　　从　　　到

评估结果	较差，不符合要求	低于一般，需要改进，有时不符合要求	一般，一直符合要求	良好，经常超出要求	优秀，不断地超出要求
① 工作量：完成的工作量、生产率达到可接受的水平					
② 工作质量：在进行任务指派时是否准确、精密、整洁，完成情况是否良好					
③ 可靠性：员工实现工作承诺的信任程度					
④ 积极性：是否自信，机智并愿意承担责任					
⑤ 适应能力：是否具备对需求变化和条件变化的反应能力					
⑥ 合作精神：为他人工作及与他人合作的能力					
⑦ 未来成长和发展的潜力					
⑧ 员工声明	□同意　　□不同意				
⑨ 评估：					
员工（签名）			日期		
评价人员（签名）			日期		
审查经理（签名）			日期		

第⑩章
2M——现场Machine（设备工装）管理

导 读

设备（Machine）是企业生产的物质技术基础，也是生产现场的一个重要因素，其管理得好坏直接影响着企业的生产效率和经济效益。实践表明，企业通过运用有效提高设备现场管理的方法，可提高设备利用率和完好率，是实现企业产品"上质量、上水平、上档次"的重要手段。

学习目标

1. 了解现场Machine（设备）管理的各项措施，如盘点生产现场的设备、做好设备的识别、设备操作的管理、做好设备的维护保养、做好设备的润滑管理、对设备运行动态监督、减少设备磨损、设备的精度校正等的含义和要求，掌握其操作步骤、方法和细节。
2. 掌握工装的现场管理要求、操作步骤、方法。

学习指引

序号	学习内容	时间安排	期望目标	未达目标的改善
1	盘点生产现场的设备			
2	设备操作的管理			
3	做好设备的维护保养			
4	做好设备的润滑管理			
5	对设备运行动态监督			
6	减少设备磨损			
7	设备的精度校正			
8	工装的现场管理			

一、盘点生产现场的设备

设备是现代工业生产活动不可或缺的器具,在生产现场使用的设备往往有以下几种。

① 直接生产设备,如碎料机、车床、流水线装置等。

② 辅助生产设备,如吹塑胶件发白使用的吹风机、打螺栓的电批刀等。

③ 间接生产设备,如发电机、照明电器、空压机等。

④ 检测设备,如度量尺寸的卡尺、塞规、投影仪和测试产品强度用的拉力磅/扭力磅等。

⑤ 运输设备,如电梯、叉车、手推车等。

企业要对生产设备进行有效管理,就必须建立设备管理台账,并经常进行盘点。只有对设备的状况有了充分的了解才能实施有效的管理。以下是某工厂对其现场设备的盘点,在这一盘点表里,清楚地列名了设备的类别、名称、技术指标、参数要求和数量。

某工厂生产现场设备统计表

序号	设备种类	设备名称	技术指标、参数要求	数量
1	工具类	拆卸器	可以方便地进行小型机电等的机械部件拆装	4个
2		手动压接钳	线径:240平方毫米以下	4个
3	仪表类	接地电阻测试仪	AC-8型,规格:1~100欧	4个
4		三相功率表	10安	10个
5	仪表类	速度表	数字式激光转速表,转速范围:2.9~99999转/分	6个
6	排故设备	M7475B磨床电气控制电路实训考核设备	(1)设备必须符合国家职业资格标准中维修电工技师的培训及技能鉴定要求,并获得有关国家职业技能鉴定机构的认可 (2)实训操作方便,有专设的故障箱,考评方便 (3)接近实际,能模拟磨床的主要运行工作情况	8个

续表

序号	设备种类	设备名称	技术指标、参数要求	数量
7	装接调试设备	电气线路装接调试训练装置	（1）单面双位网孔板式 （2）带装接必需的仪表和电源 （3）通电调试安全方便，实训开合监控方便	15台（30个工位）
8	电动机	三相异步电动机	380伏，60瓦	15个
9		三相双速异步电动机	380伏，120瓦，带速度继电器	15个
10		普通支流电机	0.6千瓦	4个
11	器件	交流接触器：4个 断路器：1个 熔断器套件：6个 时间继电器：1个 热继电器：1个 中间继电器：1个 三联按钮：1个 接线端子：2个 转换开关：1个 指示灯：1个 导轨：1米 线槽：4米	（1）常规器件，线圈电压380伏 （2）能很方便地在网孔板式的装接设备上安装	40套

二、设备操作的管理

（一）制作操作说明书

操作说明书是对某项设备的各个技术环节的操作进行指导说明，它可以使使用者尽快掌握必要的生产技术，合理使用设备。

制作指导操作说明一般包括引言、操作原理、用具及设备说明、操作说明、注意事项、附录。当然，根据不同产品不同的要求，内容可以进行调整。对操作原理的说明，要简单易懂，一般不宜过深，避免过多的专用词语。操作说明应按操作步骤逐条进行说明。

（二）凭证操作

设备操作证是准许操作人员独立使用设备的证明文件，是生产设备的操作人员通过技术基础理论和实际操作技能培训，经考核合格后所取得的。凭证操作是保证正确使用设备的基本要求。

如果是新员工，也没有设备操作证，在独立使用设备前，一定要接受设备结构性能、安全操作、维护要求等方面的技术知识教育和实际操作与基本功的培训。

（三）训练员工达到"三好""四会""五项纪律"要求

作为设备操作人员，一定要了解设备操作的"三好""四会""五项纪律"要求，并严格遵守。实行"三级保养制"，必须使操作工对设备做到"三好""四会""五项纪律"的要求。

1.设备管理的"三好"要求（图10-1）

管好
自觉遵守定人、定机制度，凭操作证使用设备，不乱用别人的设备；管好工具、附件，不丢失、损坏，放置整齐；安全防护装置齐全好用，线路、管道完整

用好
设备不带病运转，不超负荷使用，不大机小用、精机粗用；遵守操作规程和维护保养规程；细心爱护设备，防止事故发生

修好
按计划检修时间，停机修理，积极配合维修工，参加设备的二级保养工作和大修理、中修理后完工验收试车工作

图10-1　设备管理的"三好"要求

2.设备操作的"四会"要求（图10-2）

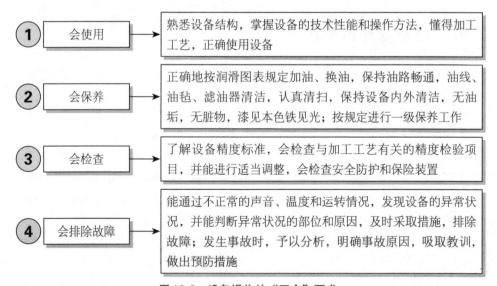

① 会使用：熟悉设备结构，掌握设备的技术性能和操作方法，懂得加工工艺，正确使用设备

② 会保养：正确地按润滑图表规定加油、换油，保持油路畅通，油线、油毡、滤油器清洁，认真清扫，保持设备内外清洁，无油垢，无脏物，漆见本色铁见光；按规定进行一级保养工作

③ 会检查：了解设备精度标准，会检查与加工工艺有关的精度检验项目，并能进行适当调整，会检查安全防护和保险装置

④ 会排除故障：能通过不正常的声音、温度和运转情况，发现设备的异常状况，并能判断异常状况的部位和原因，及时采取措施，排除故障；发生事故时，予以分析，明确事故原因，吸取教训，做出预防措施

图10-2　设备操作的"四会"要求

3.设备操作的"五项纪律"要求（图10-3）

1. 实行定人定机，凭操作证使用设备，遵守安全操作规程
2. 经常保持设备整洁，按规定加油，保证合理润滑
3. 遵守交接班制度
4. 管好工具、附件，不得遗失
5. 发现异常立即停机检查，自己不能处理的问题应及时通知有关人员检查处理

图10-3 设备操作的"五项纪律"要求

（四）禁止异常操作设备

一般来说，设备的操作顺序都有严格的要求，制造厂家的操作说明也有规定，不遵守操作规程会直接导致或加速机器产生故障。然而，生产现场中总有不按操作规程进行作业的，因此必须要有相应对策来禁止异常操作，如图10-4～图10-7所示。

图10-4 机器上张贴禁止调整参数的告示

图10-5 直接贴上警示标志

图10-6 机器上张贴操作提示和注意事项

图10-7 机器上张贴操作注意事项

1. 异常操作的含义

异常操作是指正常操作手法以外的操作。

异常操作可分为对设备、产品、人员有损害和无损害两种，无论有无损害，都应该严格禁止和设法防止其发生。

2. 禁止异常操作的措施

（1）操作的标准化设置

制定"设备操作规程"，并以此为依据来培训操作人员、维修人员、管理人员。操作人员须一步步确认，并经过考试合格后，才能操作设备。设备操作规程必须包括以下内容。

① 设备技术性能和允许的极限数，如最大负荷、压力、温度、电压、电流等。

② 设备交接使用的规定。两班或三班连续运转的设备，岗位人员交接时必须对设备运行状况进行交接，内容包括：设备运转的异常情况、原有缺陷变化、运行参数的变化、故障及处理情况等。

③ 操作设备的步骤，包括操作前的准备工作和操作顺序。

④ 紧急情况处理的规定。

⑤ 设备使用中的安全注意事项。

⑥ 设备运行中故障的排除方法。

（2）设置锁定装置。

① 通过计算机设定程序，或者在机械上设定异常操作锁定机构，使设备只能按正常步骤往下操作。

② 操作键盘上设有透明保护盖（罩、护板），既可以看见动作状态，又能起保护作用，即使不小心碰到按键，设备也不会误动作。

（3）明确非操作人员不得操作

向所有人员讲明"非操作人员，严禁擅动设备，违者重惩"，对违反者给予处罚。设备旁边也应立一块明显标志以作提醒。

（4）制定异常补救措施

预先制定各种异常操作后的补救措施，并对操作人员进行培训，万一出现异常操作，也能使损失降到最低。

三、做好设备的维护保养

（一）设备维护保养的重要性

生产现场的设备需要经常进行保养。对其进行保养有许多好处，如使设备故障降低,停工事件减少,安全事故率低,修理费用降低,产品质量可靠稳定,现场工作气氛和谐,生产效率提升,设备的使用寿命延长。而如果不保养的话,则可能会造成一些不良后果,如停工,设备寿命缩短,生产计划完不成,产品质量降低,影响员工的工作情绪,安全事故频发等。所以,在现场中要把"事后维修与保养"调整为"事前及生产中的预防保养",要改变设备使用中的一些不正确观念——设备维护是设备部门的事。

(二)设备维护保养的方式

设备维修保养应分类进行,分日常和定期保养两种方式。

1.日常维修保养

日常维修保养,是指对生产设备在使用过程中每天所做的基本清洁、维护工作。实施要点如下。

① 电气设备必须在关闭电源的情况下才能进行保养。
② 每天下班前清扫干净设备的表面。
③ 设备的塑胶表面不能用化学溶剂清洁。
④ 设备齿轮位应保持有润滑剂。
⑤ 保养时发现设备有故障,应及时维修,并形成记录。

2.定期维修保养

定期维修保养,是指按照一定的时间间隔对生产设备所进行的检查、清洁或维修工作。实施要点如下。

① 停止设备动作,保养过程中应挂牌标示(图10-8)。
② 非专业技术人员不可参与。
③ 必须遵守设备作业指导或使用说明书进行保养。

保养责任人、当次与下次保养日期、使用状况等信息都以看板的形式体现出来

图10-8 定期

④ 必要时应请设备供应商参与保养。
⑤ 有些设备（如压力容器、电梯等）需请国家相关机构维修保养。
⑥ 保养时发现设备有故障，应及时维修，维修应形成记录。
⑦ 定期保养应有记录。

四、做好设备的润滑管理

设备润滑是利用摩擦、磨损与润滑技术，使设备润滑良好，从而减少设备故障，减少设备磨损，提高设备利用率。

（一）润滑管理的重点

生产现场设备润滑管理的重点是做好"五定"工作，具体内容如表10-1所示。

表10-1 润滑"五定"

序号	五定要求	具体说明
1	定点	根据润滑图表上指定的部位、润滑点、检查点，进行加油、添油、换油，检查液面高度及供油情况
2	定质	确定润滑部位所需油料的品种、品牌及要求，保证所加油质必须经化验合格。采用代用材料或掺配代用材料，要有科学根据。润滑装置、器具完整清洁，防止污染油料
3	定量	按规定的数量对各润滑部位进行日常润滑，要做好添油、加油和油箱的清洗工作
4	定期	按润滑卡片上规定的间隔时间进行加油、清洗、换油，并按规定的间隔时间进行抽样检验
5	定人	按图表上的规定分工，安排工作人员分别负责加油、添油、清洗、换油，并规定负责抽样送检的人员

（二）润滑加油的目视技巧

一般的机器设备往往会有好几个部位要加同一种油，这些加油嘴常分散在一台机器的各处，如果做这项工作时精力不集中分了心，忘了某个部位该加油，或同一个部位被加了好几次，有的机器则要在不同部位加不同的油品，而有时候员工会加错油，这些都会影响机器设备的正常运作。这时，利用目视管理可避免这种问题的发生。注油点及油品的目视技巧如图10-9所示。

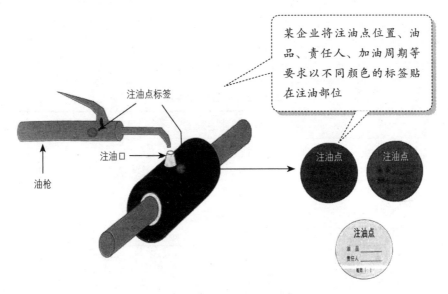

图10-9　注油点及油品的目视技巧

五、对设备运行动态监督

设备运行动态监督是通过一定的方法，使各级维护与管理人员能牢牢掌握住设备的运行情况，依据设备运行的状况制定相应措施。某企业机器状态的标牌如图10-10所示。

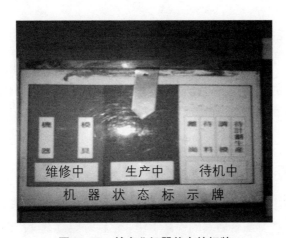

图10-10　某企业机器状态的标牌

（一）建立并完善设备巡检标准

对每台设备，应依据其结构和运行方式，确定其检查的部位（巡检点）、内容、正常运行的参数标准，并针对设备的具体运行特点，对设备的每一个巡检点确定出明确的检查周期，一般可分为时、班、日、周、旬、月检查点。

在具体实施巡检时，应重点对表10-2中所列事项进行监督检查。

表10-2　巡检注意事项

事项	具体内容	结果
电气方面	（1）配线、接头部位有无龟裂、松垮、暴露、老化 （2）各种信号、电压、频率发出装置，以及相关的输入、输出信号值是否正常 （3）仪表盘指针游动是否正常 （4）各种控制开关是否正常完好	
结构方面	（1）各种定位柱（杆）、导向柱（杆）紧固螺栓、铆接头、焊接处、粘接处，有无松脱、脱落、变形 （2）材料表面有无氧化、龟裂、掉漆 （3）机构滑动、滚动、旋转、传动部位是否缺少润滑，开动时有否异常响声 （4）各机械的动作时间、行程大小、压力、扭矩等是否符合要求	
环境方面	（1）设备场所的温湿度、腐蚀性气体、光照度、电磁波干扰等是否正常 （2）设备的地面水平、震动、通风散热等是否正常	

（二）建立健全巡检保证体系

生产岗位操作人员负责对本岗位使用设备的所有巡检点进行检查，专业维修人员要承包对重点设备的巡检任务。企业应根据设备的多少和复杂程度，确定设置专职巡检工的人数和人选，专职巡检工除负责承包重要的巡检点之外，还要全面掌握设备的运行动态。

（三）完善信息传递与反馈

在进行现场巡视监督时，对于发现的各种问题点要及时处理，处理不了的应与工程技术人员联系，并配合后续的检修工作。巡检时要查看设备运行记录如图10-11所示。

某生产车间的设备运行记录表,详细记录设备名称、编号、每日开机时间、停机时间、实际运行时间、运行状态、记录人等信息

图 10-11　巡检时要查看设备运行记录

六、减少设备磨损

机器设备在使用或闲置过程中会逐渐发生磨损而降低其精度和使用寿命,现场主管在管理设备时不能忽略。

(一)设备磨损的类型

设备磨损一般分为有形磨损和技术磨损两种,具体说明如表 10-3 所示。

表 10-3　设备磨损的种类

序号	磨损类型	说明
1	有形磨损	(1)使用磨损,即设备在运转中受到机械力的作用,零部件会发生摩擦、震动和疲劳等现象,致使设备及其零部件的实体产生磨损 (2)闲置磨损,即设备在闲置时,由于自然力的作用,加上保养、管理不善,自然锈蚀,丧失其精度
2	技术磨损	也称无形磨损,主要是基于设备的更新换代所造成的损失

(二)减少设备磨损的对策

对于无形磨损,只能通过更新设备如购置新设备的方法进行。对于有形磨损,则可以采取各种改善的方法来应对,具体如图 10-12 所示。

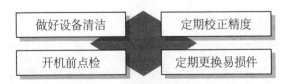

图 10-12　设备磨损的减少对策

1. 做好设备清洁

清洁活动是减少设备磨损的重要工作,每天定时对设备进行清洁,能及时发现各种问题并加以解决,以延长其使用寿命。

具体的清洁要点包括以下几方面。

① 对设备使用过程中所产生的粉屑,要随时清理。

② 对滴漏、破损、残缺的部位要查找源头,不要试图用清扫来暂时应付。

③ 设备的里里外外,尤其是角落里、眼睛不易看到的地方要进行清扫。

④ 各种电子元器件的表面要定期主动清扫,使其有效散热。

2. 开机前点检

可设定一些简单易行的项目,制作"点检一览表",开动设备之前或在作业结束之后,由操作人员进行确认,发现异常,及时报告。

3. 定期更换易损件

在购入设备时,就购入一定数量的易损件。易损件的库存数量可参考设备制造厂家的推荐,也可按自己的实际经验来决定。

对一些寿命即将结束的部件,不要等到完全坏了才来更换。从表面上看,部件用到"生命"最后一刻,没有一点浪费,坏了才更换似乎节省了一些费用,但临坏之前所生产的产品就无法确保其品质,最终产生的浪费就很难确定。换件标示板如图10-13所示。

> 某企业设立一个换件标示牌,将换件名称、责任、周期及确认人等信息标示出来,这样有利于易损件更换的跟踪。
> 去换件

图10-13 换件标示板

4. 定期校正精度

设备累计使用时间一到,就应该立即校正精度。

> 仅靠一次的校正,并不能确保设备全过程的精度,因此在日常巡视监督时要重点留意,及时处理各种影响精度的异常情形。

七、做好设备的精度校正

现场管理活动中，若使用的设备精度有误差，检测出来的结果必然是不正确的，甚至出现把合格品当作不良品给废弃的情形，所以对设备的精度进行校正是必须的。

（一）需要进行精度校正的设备

需要进行精度校正的设备如图10-14所示。

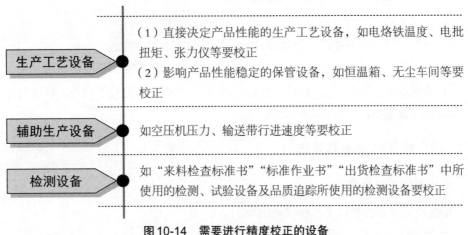

图10-14　需要进行精度校正的设备

（二）精度校正的方法

校正的方法有内部校正和外部校正两种，如图10-15所示。

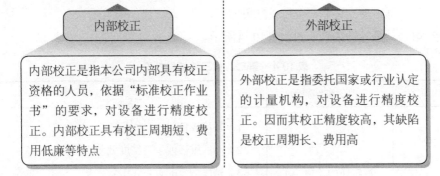

图10-15　精度校正的方法

（三）精度校正步骤

1.培养校正人员

培养校正人员的途径：通过国家指定机构、企业内部、行业指定机构、特殊制造厂商等培训。

2. 制定"标准校正作业规程"

该作业规程应确定以下内容。

① 设备实际使用频率。使用频率越高，校正周期越短。
② 相应法律、行规、制造厂商的推荐校正周期。
③ 客户对产品精度的要求。越严格，校正周期越短。

3. 按"标准校正作业规程"要求进行校正

① 按设备精度、校正周期、校正项目的要求实施校正。
② 事先与该设备使用部门协调好时间，尽量在短时间内完成。
③ 为了校正而设定的各种条件，要采取各种标志，以防被人误改。
④ 如果是用"母器"进行校正的话，需要在"台账"和被校正设备上标注清楚。
⑤ 在设备上贴"已校正"的标贴。

（四）校正结果及其处理

1. 精度校正的结果

精度校正完后会有以下几种结果出现。

① 精度没有偏差，经校正完后精度更高。
② 精度有偏差，经校正完后回到标准规格内。
③ 精度有偏差，经校正仍无法回到标准规格内。

2. 结果的处理

① 第一种结果，只需记录校正结果即可。
② 第二、第三种结果处理如表10-4所示。

表10-4　第二、第三种结果处理

事项	第二种结果	第三种结果
设备的处理	设定新的（更短）的校正周期	（1）替换成精度正常的设备 （2）彻底维修或废弃精度偏差的设备 （3）精度偏差的设备，限定在某个非生产的范围内（场合）使用 （4）寻找其他设备替代原有发生偏差的设备，同样对替代品也要进行精度校正

续表

事项	第二种结果	第三种结果
产品的处理	（1）立即确认对产品品质有何影响 ① 对品质无影响的，已完成的产品照常出货 ② 对品质有影响的，视其影响程度大小做出综合判定和处理	（2）追溯品质发生偏差的时间，估算每一时段的影响程度，采取相应对策 ① 收集不同时段的样品，再次检测，确定品质偏差的初发时间 ② 联络后工序、客户，采取必要的应变措施 ③ 工序内判定合格但尚未流到下一工序的部件，再次检测

（五）精度校正管理的注意事项

① 对于新购入的设备，在使用前最好要进行校正。
② 校正对象与非校正对象都要进行识别管理，识别越详细，错漏机会就越少。
③ 精度偏差过大，无法校正而废弃时，设备必须做好标示，报请相关部门审批。
④ "母器"要尽量避免在生产上频繁使用，以免本身精度发生偏差。
⑤ 不要将所有设备的校正周期都设定为一样，既要考虑保证精度，又要设法降低校正成本。

八、工装的现场管理

工装就是工艺装备，包括模具、夹具、夹辅具、刀具、专用量具/检具、工位器具等。现场工艺装备（工装）管理的基本任务是：及时地申请领用生产中所必需的工装，做好工装的成套性工作，并合理使用和保管，在保证生产正常进行的条件下，延长工装使用寿命。为完成任务，必须做好以下工作。

（一）工装领用制度

对员工使用工装应建立借用制度，定期归还，以免长期流转在生产中使质量受损。生产现场应有工装使用保管卡片或管制表，记录操作人员领用工装的型号、数量、名称、规格、日期，应根据工艺文件的规定予以领用。对于共同工装也应建卡管理，个人使用时办借用手续，进行登记，用后及时归还。工装收回时要进行技术检查，对已有磨损的要及时修理或报废。治工具检夹具管制见表10-5。工具登记本与工具放在一处如图10-16所示。

表10-5 治工量检夹具管制

工具编号	适用机种（品名）	工具名称	规格	数量	领用		归还		备注
					日期	签名	日期	签名	

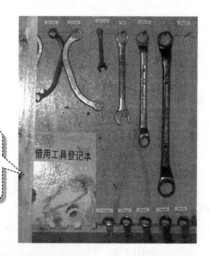

设立一个借用工具登记本，每次借和还都有登记，工具遗失的可能性就少了

借用工具登记本

图10-16 工具登记本与工具放在一处

（二）合理使用工装

① 结合多种产品的上场、下场，做好工装的上场准备与下场清理（图11-17）。

② 在每种产品下场后，对生产中使用的工装要及时清理，进行鉴定，根据情况分别安排退库、改进或修复等工作，以保证产品再次上场时使用。

③ 工装应按工艺要求，在工装强度、性能允许的范围内使用，严禁串规代用（如螺丝刀代替凿子、钳子代替锤子）。

④ 不允许专用工装代替通用工装，精具粗用的现象应坚决禁止，并在使用中注意保持精度和使用的条件。

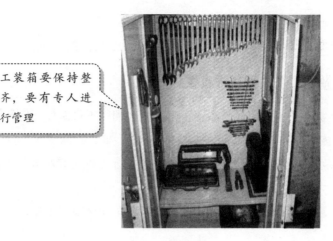

图10-17 工装箱

（工装箱要保持整齐，要有专人进行管理）

（三）妥善保管工装

① 工装应放在固定场所，有精度要求的工装应按规定进行支撑、垫靠。
② 工装箱要整齐、清洁，定位摆放，开箱知数，账物相符。
③ 无关物品，特别是私人用品不允许放在工装箱内，使用完毕后的工装应进行油封或粉封，防止生锈变形，长期不用的工装应统一保管。

某工厂的模具状态一览表如图10-18所示。

图10-18 某工厂的模具状态一览表

（四）做好工装的清点和校验工作

① 每天查对工装箱一次，一周账物核对一次，以保持工装账物相符。
② 贵重和精密工装要特殊对待，切实做好使用保管、定期清洁、校验精度和轻

拿轻放等事项。

③ 量具要做好周期检查鉴定工作，使之处于良好的技术状态。

（五）做好工装的修复报废工作

① 工装都有一定的使用寿命，正常磨损和消耗不可避免，但凡能修复的应及时采取措施，恢复其原来的性能，如刀具的磨损、量具的修理等。对于不能修复的工装，在定额范围内可按手续报废并以旧换新，对于节约工装和爱护工装的员工应给予表扬。

② 生产现场还应协助做好专用工装的试验（如试模）工作，对专用工装提出修改意见。

③ 对于违反操作规程造成工具夹、刀具报废等情况，要查明原因，追究责任。

④ 个人遗失工装要填写"工装遗失单"，根据情况实行赔偿处理。

（六）常做整理整顿工作

减少走动、减少寻找、易取易放是工装夹具整顿和提升效率的方向。

1. 工装夹具等频繁使用物品的整顿

应重视并遵守使用前能"立即取得"，使用后能"立刻归位"的原则。

① 应充分考虑能否尽量减少作业工具的种类和数量，利用油压、磁性、卡标等代替螺栓，使用标准件，将螺栓共通化，以便可以使用同一工具。如：平时使用扳手扭的螺母是否可以改成用手扭的手柄，这样就可以节省工具。或者想想能否更改成兼容多种工具使用的螺母，即使主工具突然坏了，也可用另一把工具暂代使用；又或者把螺母统一化，只需一把工具即可。

② 考虑能否将工具放置在作业场所最接近的地方，避免取用和归位时过多的步行及弯腰。

③ 在"取用"和"归位"之间，须特别重视"归位"。

需要不断地取用、归位的工具，最好用吊挂式或放置在双手展开的最大极限之内。采用插入式或吊挂式"归还原位"，也要尽量使插入距离最短，挂放方便又安全。

④ 要使工具准确归还原位，最好以复印图、颜色、特别记号、嵌入式凹模等方法进行定位。

运用形迹法管理工具如图10-19所示。

2. 切削工具类的整顿

切削类工具需重复使用，且搬动时容易发生损坏，在整顿时应格外小心。

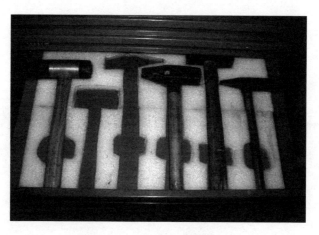

图10-19 运用形迹法管理工具

① 经常使用的,应由个人保存;不常使用的,则尽量减少数量,以通用化为佳。先确定必需的最少数量,将多余的收起来集中管理。

② 刀锋是刀具的生命,所以在存放时要方向一致,以前后方向直放为宜,最好能采用分格保管或波浪板保管,且避免堆压。

③ 一支支或一把把的刀具可利用插孔式的方法,好像蜂巢一样,即把每支刀具分别插入与其大小相适应的孔内,这样可以对刀锋加以防护,并且节省存放空间,且不会放错位。

④ 对于一片片的锯片等刀具可分类型、大小、用途等叠挂起来,并勾画形迹,易于归位。

⑤ 注意防锈,抽屉或容器底层铺上易吸油类的绒布。

第十一章
3M——现场Material（物料）的管理

导读

任何一个产品都是由零散的物料所构成的，在生产前只有清楚地了解产品的所需物料，才可能正确地订购、领料，以及避免生产过程中用错料，可最终确保产品符合客户的要求。

学习目标

1. 了解生产物料的类型。
2. 了解物料的领用、物料在现场的放置、生产现场中不良物料的处理、物料不用时的管理、产品扫尾时物料的处理、生产中剩余物料的处理、生产辅料控制等现场物料控制措施的要求，掌握各项措施的操作步骤、方法和细节。

学习指引

序号	学习内容	时间安排	期望目标	未达目标的改善
1	生产物料的类型			
2	物料的领用			
3	物料在现场的放置			
4	生产现场中不良物料的处理			
5	物料不用时的管理			
6	产品扫尾时物料的处理			
7	生产中剩余物料的处理			
8	生产辅料控制			

一、生产物料的类型

生产物料是指产品生产所需用的各类材料,主要分为两个类型。

(一)生产主物料

生产主物料是产品生产所使用的主体材料,如塑胶产品的塑胶件、衣服的布料、电子产品的线路板组件等。

(二)生产辅物料

生产辅料是相对于主要物料而言的具有辅助性能的物料,其范围常因产品类别的不同而不同。如电子产品在生产中的辅料主要包括:

① 清洁剂类,如天那水、抹机水等;
② 胶类,如黄胶、绿胶、黑胶、专用胶等;
③ 散热油类;
④ 焊锡类,如锡类、锡条、锡膏、助焊剂等;
⑤ 包扎用品类,如绳子、包扎线等;
⑥ 防腐剂类,如干燥剂、防腐油等。

二、物料的领用

(一)正常领料

物料领用时要根据生产制造通知单上所列产品及物料BOM清单,来填写领料单去领料,填写时要清楚、完整,以确保领用到正确的、合格的物料。要求仓管人员和领料人员对物料的状态进行确认,不合格的料不发放到生产线上去。

(二)退料补货

生产线上如果发现有与产品规格不符的物料、超发的物料、不良的物料和呆料,应进行有效的控制,进行退料补货,以满足生产的需要。

退料补货往往要涉及几个部门的工作,如货仓部须负责退料的清点与入库,品管部负责退料的品质检验,生产部负责物料退货与补料等,所以有必要制定一份物料退料补货的控制程序。补料单见表11-1。

表 11-1　补料单

制造单号：　　　　　　产品名称：　　　　　　　　　　编号：
生产批量：　　　　　　生产车间：　□物料　□半成品　　日期：

物料编号	品名	规格	单位	单机用量	标准损耗	实际损耗	损耗原因	补发数量	备注

生产领料员：　　　　　　　　仓管员：　　　　　　　　　PMC：

（三）要对物料超领加以控制

当"领用单"上所核定数量的物料领用完毕后，生产线上无论何种原因需追加领用物料时，必须由生产线相关人员填具"物料超领单"方可领料，并要注明超领物料所用的制造命令号码、批量、超领物料编号、名称、规格及超领数量、超领率，同时详细阐明超领原因。

1.超领原因分析

① 原不良品补料（即上线生产时发现物料不良时，需追补）。

② 作业不良超领（因生产作业原因造成物料不良需超领）。

③ 下道工序超领（因下道工序超领物料，需本工序追加生产数量，导致需追加领料）。

④ 其他突发原因。

2.超领权限规定

① 确定可领用数量。

其中单位产品用量及损耗率依"产品用料明细表"确定。

$$可领用数量＝制造命令批量×每单位产品用量×（1+损耗率）$$

② 超领率低于1%时，由现场主管审核后，可领用物料。

③ 超领率大于1%小于3%时，由现场主管审核后，转生产管理部物控人员审核后，方可领用物料。

④ 超领率大于3%时，除上述人员审核外，需经生产副总经理审核，方可领用物料。

⑤ "物料超领单"一般一式四联,一联由生产部门自存,一联交仓库,一联送生产管理部门物控人员,一联交财务部,如表11-2所示。

表11-2 物料超领单

领用部门： 日期：

制造命令号：			批量：		
超领物料编号	名称	规格	超领数量	超领原因	超领率

仓管员： 领料员：

注：本单一式四联,第一联由生产部自存,第二联交仓库,第三联送生产部领料员,第四联交财务部。

三、物料在现场的放置

将物料从仓库领出来了,生产之前就摆放在生产现场。生产现场物料的放置非常重要,如果这项工作做不好,很容易造成混料,而好物料与不良物料若混在一起会影响后续加工过程中的产品质量,而若同一品种不同规格的物料放在一起(尤其是规格区分不大的情况),则容易造成混装,如将B产品的零件装到A产品上,结果生产出不良品,并导致成本难以控制等一系列问题。

(一)划分物料放置区域

为方便物料有效地区分,在现场的物料放置区可划分为以下几块,如表11-3所示。

表11-3 物料放置区划分

序号	区块划分	所放物料种类
1	合格材料区	放置即将要投入生产的合格物料
2	不合格材料区	放置作业中发生或发现的不良品(通常需要采取隔离或封锁措施,以防误用)
3	辅助材料区	放置周转、加工等辅助工序用的物料
4	半成品放置区	放置或转移加工品

续表

序号	区块划分	所放物料种类
5	成品待检区	放置完成品
6	合格成品区	放置QA检验合格的产品（该区域可规划给仓库）

（二）按"三定"原则放置物料

1. 定品

根据物料的物性确定放置环境和场所，如温度、湿度、防尘、防水、防振、防污染、防静电等。

2. 定位

确定物料的放置体位、状态和具体位置。确保放置合理，转移环节最少和取用方便。

3. 定量

确定存放物料的数量。配发的材料以满足半个工作日的生产用量为宜，不可太多或太少。领用的材料也应遵守这个原则。

物料标识卡如图11-1所示。

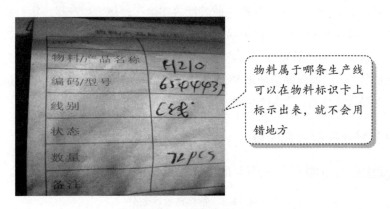

图11-1　物料标识卡

四、生产现场中不良物料的处理

生产中发生不良物料时生产现场应按返交不良品的方法与仓库人员交涉，仓库人员则依据生产现场开具的"物料返库单"进行处理，具体的步骤和方法如下。

① 生产现场开具物料返库单和不良物料。

② 将返库单和不良实物一起交品质部IQC检验。
③ IQC区分不良物料是属于自体不良还是作业不良后签字。
④ 生产现场领回物料返库单和检验的不良实物,交到仓库。
⑤ 仓库依据返库单补发相应的物料给生产现场。
⑥ 仓库将自体不良的物料退供应商,作业不良的物料实施报废。
⑦ 仓管员将有关数据记录、入账。

上述过程中的控制内容主要包括:
(1)物料返库一般每日进行一次;
(2)原则上返库物料的数量不能超过该种物料的正常损耗量;
(3)有关不良品的属性(自体不良和作业不良)所关联的统计、对策和控制等事项由品管部负责跟踪。

明确残次品存放区如图11-2所示。

残次品退回仓库,并存放在专门的残次品区

图11-2　明确残次品存放区

五、物料不用时的管理

不用的物料是指由于生产要素的制约或突变,本批次生产结束后,没有全部使用完毕的物料。呆料、旧料都可归为不用的物料。

现在的工厂多为少批量、多品种的生产模式。在同一条生产线上,不同的机种来回切换生产的现象频繁发生。每一次生产活动结束后,所有的物料很难刚好全部用完,即使一开始采购的是完整的配套物料,其结果不是这个多了点,就是那个少了点。

(一)不用的物料产生的原因

不用的物料产生的原因通常有以下几点,如表11-4所示。

表11-4 不用的物料产生的原因

原因类别	原因细节
设计上的原因	(1)设计失误。正式生产后才发现错误所在,重新设计后,旧版本的物料来不及处理掉,堆积在制造现场 (2)设计变更。若是自然切换,可以混入使用的最好,但若要完全"对号入座",旧物料可能完全不能用,于是被积压下来
生产销售计划上的原因	(1)计划变化快,一条生产线上什么都做 (2)客户突然取消订单,生产、出货计划被迫紧急变更,导致措手不及,处于生产途中的物料无处可去,形成积压 (3)生产要素突生变故,生产能力波动巨大,一会多用,一会少用。如:设备发生故障,一时半会无法运行,预定投料无法进行;某个物料消耗量偏离计划,而其他物料无法与之配套生产完毕等
采购上的原因	(1)没有严格按生产计划进行采购,绝大多数情况下是买多不买少 (2)供应商没有严格控制实际包装数量,"合格证"上的记录与实数相差较大,扰乱了配套生产计划的实施

(二)持有现场暂时不用的物料的不良作用

1. 容易造成相互串用和丢失

每一次机种切换,都会涉及生产要素再设置的问题。对前一机种用剩的物料,若不及时在各工序上回收保管,作业人员就会把它摆放在自己认为不会出错的地方,有的还会画上只有自己才明白的标记。如果隔几天,该作业人员因故缺席的话,顶位人员就有可能误用物料,尤其是外观上极其相似的物料,从而造成很多不良品。

2. 管理成本增大

物料多一个分布地点,就等于多出一个物流环节,那么就要多一分管理力量去对应。

3. 浪费生产现场空间

工序上的作业空间本身就很有限,如果什么物料都堆在现场的话,生产现场必定杂乱不堪,同时由于生产现场不恰当地担负起仓管职能,妨碍了物流的顺畅。

因此,暂时不用的物料,不应该长时间摆放在生产工序上,它会分散现场管理力量,有可能导致不良品的发生。

(三)应对措施

1.设置暂时存放区

对同一生产线(机台)来说,如果几个机种在很短时间需要来回切换,剩余的物料不停地在仓库与生产现场之间进进出出,搬运成本就会居高不下。这时不妨在现场划出一块地方,做上明显标志,将所有暂时不用的物料,封存好后移到该处。具体要求如下。

① 只有小日程计划生产的物料才可以在暂时存放区摆放。

② 虽然小日程计划里要生产,但是数量多、体积庞大,或者是保管条件复杂的物料,则应该退回物料仓库进行管理。

③ 不管是现场保管还是退回仓库,都必须保证其品质不会有任何劣化。

④ 中日程或是大日程计划里才生产的物料应该退回仓库进行管理。

在现场设置一个物料暂存区如图11-3所示。

图11-3 在现场设置一个物料暂存区

2.机种切换前物料全部"清场"

从第一个生产工序开始,回收所有剩下的物料,包括良品和不良品。点清数量后,放入原先的包装袋(盒)中,用标贴纸加以注明,然后拿到"暂时存放区"摆放。若不良品不能及时清退时,良品与不良品要分开包装,不良品还得加多一道标志。物料"清场"要注意以下事项。

① 要特别留意修理工序上的备用剩余物料,如不仔细追问,修理人员是不会主动"上缴"这些物料的。

② 是否有短暂外借给其他部门的物料。如果有,要设法尽快追回或约定返还日期。

③ 有无跌落在地面上的小物料,或是停留在设备夹缝里的物料。

④ 在旧物料"清场"的同时,不要派发新物料,除非相关作业人员已经十分熟练。

⑤ 如有残留在机器内部的物料,必须彻底排出。

3.其他要求

需要暂时存放的物料同样也要遵守"先来先用、状态良好、数量精确"三原则。

① 用原装包装盒(袋、箱)再封存起来。如果原包装盒(袋、箱)破损,可以

用保鲜薄膜或自封胶袋处理。总之，要采取防潮、防虫、防尘等措施。

② 要留意有无保质期限要求的物料，若有，则要考虑有无暂存的必要。

③ 如有可能，机种切换后，前一机种的不良品要立即清退给前工序。

④ 暂时存放的各种标志要确保显眼。

⑤ 下次生产需要时，要优先使用"暂时存放区"里的物料。

⑥ 封存后的物料也要定时巡查一下，以防不测。

不用的物料封存好如图11-4所示。

图 11-4　不用的物料封存好

六、产品扫尾时物料的处理

（一）转换生产机种的物料处理

转换生产机种的物料处理主要由生产现场负责进行，但必要时要求仓库配合。具体方法如下。

① 生产现场负责实施物料的撤除和清点等工作。

② 对于剩余在生产线的量比较多的物料，生产现场人员可以申请入库管理。

③ 仓库人员把申请入库的物料放置在机动区，待下次生产时优先发出。

④ 申请入库的物料一般不实施入账管理。

⑤ 对于产生的不良品同样实施入库，按不良品管理。

（二）完成订单批量的物料处理

生产中每完成一张订单的批量时，需要进行物料的扫尾工作，这个工作由仓库和生产现场合作进行。具体方法如下。

① 生产现场人员负责实施该批量全部物料的撤除和清点等工作。

② 所有剩余在生产线的物料都要列成清单，按剩余物料申请入库管理。
③ 仓库人员把申请入库的物料通知IQC检验。
④ 检验合格的物料实施入库管理，不合格物料按不良品处理。
⑤ 仓库人员统计该批量生产物料的损耗情况，并制定报告书。
⑥ 这类入库的物料要实施入账管理。
⑦ 对于完成制作的不良品同样实施入库，按不良品管理。

（三）产品生产结束的扫尾方法

产品生产结束指的是该产品已没有生产计划或订单，并且在今后比较长的时间内不会再生产的产品。对这类产品要实施彻底扫尾，具体方法如下。

① 生产现场人员负责实施该产品全部物料的撤除和清点等工作。
② 所有剩余在生产线的物料都要列成清单，按剩余物料申请入库管理。
③ 仓库人员把申请入库的物料通知IQC检验，检验合格的物料分成两类：通用物料和专用物料。把通用类物料实施入库管理，入账后等待重新使用。专用类物料入库后放置在机动区保管，如果保管一年后还派不上用场的话就实施报废处理。
④ IQC检验不合格的物料入库后按不良品处理。
⑤ 仓库人员统计该产品生产物料的损耗情况，并制定报告书。

七、生产中剩余物料的处理

（一）生产中的剩余物料产生原因

生产中的剩余物料是指因工作失误、改进工艺、发生设计更改和计划改变等情况而导致在预定的计划期内无法再使用的物料。虽然这些物料是现实存在的，但暂时不会用它们，所以它们是纯多余的。从降低库存成本的角度出发，要尽快处理掉它们。

通常，剩余物料产生的原因有以下几点。

① 错误采购。
② 在采购实施后生产开始前，因发生设计变更而导致不用。
③ 供应商随批量供货的附加损耗物料。
④ 因设计用量偏大而实际使用不了所多出的。
⑤ 采购部门为预防物料损耗或贪图廉价而多采购的。
⑥ 生产部门因改进工艺、提高技术而节约的。
⑦ 因取消出货而积压的产品。
⑧ 因取消出货计划而停止生产后所积压的。

（二）剩余物料的处理方法

剩余物料也是花钱买来的，因此，首先要想方设法利用它，并且尽可能提高其利用价值。

1.常用处理方法

通常利用它的方法如下。
① 型号、规格相同的剩余物料可以申请按通用物料互用。
② 型号、规格相近的剩余物料可以申请按特采物料使用。
③ 使用不了的物料应首先想到能否退还给供应商。
④ 没法处理的比较贵重的物料，要在保管一段时间后再看看有无使用的机会。

2.按废品处理

实在找不到使用机会的剩余物料按废品处理，这些物料如下。
① 因保质期、场地等因素限制，不宜继续保管的物料。
② 没办法处理的一般物料，在预见的时期内也不会有用。
③ 已经保管一段时间后仍然找不到使用机会的比较贵重的物料。

八、生产辅料控制

辅料的特点是随着时间的延长，其有效期一般会逐渐下降。人们往往不重视生产辅料的管理，从而造成浪费，增加生产成本，所以必须重视起该项工作。

（一）由专人管理

由专人管理即指定专职管理人员，负责订购、保管、派发、统计等工作。

辅料的派发方法，传统的做法是由生产现场派人到仓库领取，即坐等式，不来的话就拿不到。因为领取手续烦琐，容易招致生产现场人员的怨言。

其实可改为送货上门，将当日所需的辅料预先放在小推车上，送货员定时、定点推过，有需要的作业人员立刻就能得到辅料。送货上门式派发辅料还有以下好处。

① 直接供给生产工序，避免各个生产现场（生产线）持有在线库存，变多头管理为专人管理。
② 节省直接生产人员的工时，避免现场出现为领取辅料而离岗的行为。
③ 可增进辅料管理者对辅料用途、使用工序的了解，同时可起到监督、检查作用。
④ 减免辅料在现场的摆放空间。

（二）确定单位辅料用量

每件产品到底要用掉多少辅料，每个月要用掉多少，必须进行计算，绝不可抱持"多领一些也不碍事"，或者是"先用了再说"的态度。

制造部门统计单件产品的实际消耗量（也可统计月耗量），通知生产管理部门，然后生产管理部门根据生产计划事先购入相应的数量。当然，辅料也要设定最低安全在库数。用量一旦确定，生产便要严格实行定额管理。

（三）分门别类保管好

有的工厂将辅料长期堆放在储藏室里，无人问津，发霉、变质都没有人知道；有的工厂买来辅料后就直接摆放在生产现场，任人取拿……导致产生不少呆料、缺料等事件经常发生，使生产备受影响。辅料也要按用途或保管条件的不同分门别类保管好，如危险品要隔离管理，胶水需要在阴暗处存放，易燃易爆品要在无烟火处存放。

保管或储存辅料的环境需要符合其产品说明中的要求，如温度／湿度要求、通风与密闭要求、防火防爆要求、其他特殊要求。

（四）定期统计台账，寻找规律

每一种辅料都要设置"台账"进行管理，有了"台账"，随时可以知道辅料进出情况。每个月或每周对进出数据进行统计、分析，从中可以发现一些规律。如同样一种辅料，为什么甲乙两个部门的使用量相差很大呢？也许产量不同，也许使用机种不同，也许管理水平不同……总之，要找出一个规律来，见表11-5。

表11-5　辅料进出管理台账

名称：　　　　　数量：　　　　　型号：　　　　　日期：

入库栏				出库栏					
日期	来源	数量	订单号	日期	去向	数量	领用人	剩余	责任人
说明	（1）每次进出库都及时记录 （2）每月盘点一次，核对账面和实数的差异 （3）除"领用人"一栏签名之外，其他栏目由辅料管理者填写								

（五）简化领取手续

可在"辅料管理台账"上分开新领和更换（以旧换新）两种，新领要有上司（规定为某一职务以上）的批准，更换则只需要退还用剩的残壳，如外包装盒（袋、箱）等物，无须上司确认就可予以更换。设立辅料新领申请单，见表11-6。

表11-6　辅料新领申请单

申请部门：　　　　　　日期：

辅料名称	需要数量	申请人	上司确认
说明	（1）该表由申请人填写，经上司确认后，交仓库收回存底备查 （2）职务为主管以上的，才有权力审批新辅料 （3）多增加使用数量，视为新领		

（六）以节约为原则

明确领取和更换条件后，对以旧换新的辅料还要设定更换样品，让使用者都知道，既不能"以优充次"，能用的故意不用，也不能"以次充优"，不能用的还硬要用，见表11-7。

表11-7　辅料以旧换新方法说明

名称：　　　　数量：　　　　型号：　　　　日期：

项目	更换方法	备注
胶水类	（1）用完后，保留原罐，以旧换新 （2）用小容器细分，按实际用量，发够一天所需量	
油脂类	用完后，保留原罐，以旧换新 辅料小车定时推过，不足时，及时添加	
烙铁头	以坏换新	
手套	每次发给两对，以旧换新	约每周一对
电池	QC检查人员每人2对，其他人1对，用尽后在底部打"×"字，以旧换新	每对约使用17小时
说明	（1）以上辅料如要增加使用量时，也要重新申请 （2）严禁人为破坏，造成以旧换新的局面 （3）更换时无须签字或盖章，由辅料管理者记录消耗数量 （4）本部门主管定时巡查，如有发现多余，一律上交	

（七）完备报废手续

完备报废手续即用完的残渣、壳体，不能随便扔进垃圾堆里，应遵循相应的规定。更换时，要出示用剩的残物（如包装盒、包装袋），这样做除了可以简化更换手续外，还有以下作用。

① 可防止再次冒领。如不能出示旧残物，便不能得到新的，只有通过申请才能得到，那么当事人就无法绕过上司的监督。

② 可以按统一标准确认损坏程度，防止错误判定。预先设定样品的话，更换人可以参照样品判定，避免误差。

③ 有些残物要特殊对待，不能做一般生活垃圾处理，如一粒碱性电池，抛弃在自然环境中时，足以污染60平方米的地下水。因此有的辅料要深挖掩埋；有的要交由专业公司处理，总之，要考虑避免环境污染。

④ 有的可变卖出去，化废为宝，创造二次效益。

⑤ 可以核对进出数量有无差异。

当然，处理③和④项时，也要填写"辅料废弃申请表"，见表11-8。

表11-8 辅料废弃申请表

名称	型号	数量	废弃理由	经办人	认可

第十二章
4M——现场 Method（工艺）的管理

导读

　　4M1E中的E，指工艺方法。工艺是产品生产方法的指南，是计划、调度、质量管理、质量检验、原材料供应、工艺装备和设备等工作的技术依据，是优质、高效、人员低耗和安全生产的重要保证手段。

学习目标

　　1.了解工艺和技术文件、工序质量、操作规程、工艺纪律等的概念。
　　2.了解现场Method（工艺）的管理措施，如配备正确的工艺和技术文件、进行工序质量控制、认真贯彻操作规程、加强工艺纪律管理，掌握各项措施的操作步骤、方法和注意事项。

学习指引

序号	学习内容	时间安排	期望目标	未达目标的改善
1	配备正确的工艺和技术文件			
2	进行工序质量控制			
3	认真贯彻操作规程			
4	加强工艺纪律管理			

一、配备正确的工艺和技术文件

（一）工艺和技术文件的种类

1. 工艺流程图

工艺流程图是说明产品制造与加工过程的顺序图。工艺流程图作为制作QC工程表时的基础资料使用。个别接单生产的工厂只用工艺流程图作为标准书向作业者进行说明、指导。

某工厂的样品检验流程图张贴在生产现场如图12-1所示。

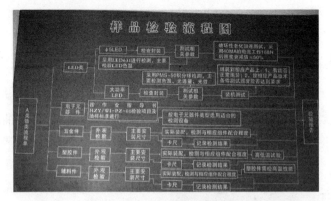

图12-1　某工厂的样品检验流程图张贴在生产现场

2. 图纸、部品表

图纸、部品表在进行部品加工和组装作业时，作为基准资料使用。

3. 作业指导书

作业指导书是规定作业方法与要求的技术性文件。作业指导书中必须包括作业名、顺序、加工条件（加工方法）、材料、管理要点（含频率）、作业步骤及方法、使用设备（治工具）、适用机种、管理号、作成日、作成者印、审查印、改订栏。

4. 作业标准书

写明作业者进行的作业内容，起传达作业内容的指导作用（图12-2）。

某工序的操作说明，将常用成型胶料成型参数如胶料类别、温度、压力、时间、射速、烤料温度及时间都规定出来

图12-2　某工序的操作说明

5.QC工程表

QC工程表内写有生产现场的工艺步骤及其作业内容。在保证品质、技术和对生产现场的指导、监督上发挥作用。另外，在不良品发生和工伤事故发生时，可据此探明原因以及建立对策方案。

6.工厂规格

对与生产有关的各种规格作出规定，是进行各种作业时的基准资料。以下为工厂规格的种类：图纸规格、制图规格、设计规格、产品规格、材料规格、部品规格、制造作业的标准、工程规格、治工具规格、设备规格、检查规格、机器检查工具规格、包装规格、一般规格。

7.BOM清单

BOM清单是产品全部构成材料的清单。

8.样板

样板是能够代表产品品质的少量实物。它或者是从整批产品中抽取出来作为对外展示模型和产品质量检测所需；或者在大批量生产前根据产品设计而先行由生产者制作、加工而成，并将生产出的样品标准作为买卖交易中商品的交付标准。样板作为产品品质的展示时，代表同类产品的普遍品质，包括产品的物理特性、化学组成、力学性能、外观造型、结构特征、色彩、大小、味觉等。样板是制造与检验标准工艺装备、生产工艺装备、零件、组合件和部件的依据。

某工厂样品室里的各种产品样品如图12-3所示。

图12-3 某工厂样品室里的各种产品样品

9.工程变更通知单

工程变更通知单是工程部发出来的工程变更指示书。它涵盖工程设计、结构、原材料、作业方法、工序及生产场地等，所有涉及与生产有关的方面的变更均适用。概括地讲就是4M1E五个方面的内容凡涉及变更都要以工程变更通知书的形式反映出来。

（二）确保技术性文件准确

现场主管在准备工艺和技术标准文件时，要确认所有的文件都是最新版本，如果不是最新版本，那么员工们制造出来的产品会达不到顾客的要求，甚至有可能就是废品。在确认技术性文件时应注意以下几点。

1. 是否受控

看这些文件是否是受控文件，是否由专门的人员保管、分发，并且有发范围的限制。要杜绝作业人员擅自复制文件。

2. 是否唯一

所收到的某份文件必须是唯一的和完整的，如果残缺不全，或者有多个版本，则一定要确定是否是最新版本。

3. 是否专用

技术文件资料尽可能要专门使用，借阅时要登记，并要在生产完成后要按时归还。

4. 不准涂改

凡是被擅自涂改的受控文件均被视为失效。

5. 及时归还

凡是在一定时期内（一般为一年）不使用的受控文件，都要及时归还发行部门或企业文控中心保管。

（三）进行相关培训

准备好这些工艺和技术文件后，一定要组织员工进行学习，尤其是新产品、新工艺，要请相关部门如工艺部、设计部的工程师进行指导。另外一种情况是，如果班组里有新员工，则更要加强其对作业标准的学习，以使其彻底了解。

1. 新员工教育

① 讲给新员工听：把作业方法及要领讲给他们听。
② 做给新员工看：把动作要领、步骤做给他们看。
③ 让新员工做做看：按动作要领和步骤让他们做做看。
④ 纠正后，再让新员工做做看：纠正他们的错误做法和非标准的作业，并对步骤进行再指导，直至他们做得完全正确为止。

2. 熟练员工的作业指导

有许多熟练员工在自己的作业中掺杂着许多自己的习惯动作，其中有些是不正确的，因此有必要在工作中将它们纠正过来，使其作业标准化。

二、进行工序质量控制

工序质量控制就是把工序质量的波动限制在要求界限内所进行的质量控制活动。

（一）确定工序质量控制点

工序质量控制点是指产品生产过程中必须重点控制的质量特性、关键部位、薄弱环节和主导因素。可以以质量特性值、工序因素等为对象来设置工序质量控制点。一般按以下四点原则设置工序质量控制点。

① 在全部质量特性重要性分级中，被分为A级的质量特性和少数为B级的质量特性以及关键部位。

② 工艺上有特殊要求，对下道工序的加工、装配有重大影响的项目。

③ 内外部质量信息反馈中出现质量问题多的薄弱环节。

④ 关键工序、特殊工序。

（二）对质量控制点加以控制

① 用文件形式明确质量控制点。用工艺流程图或质量控制点明细表等文件形式明确质量控制点，确定需控制的质量特性和主导因素。

② 编制质量控制点作业指导书和多种技术文件。如作业指导书，设备操作及维护保养规定、设备定期检查记录卡、设备日点检记录卡、工装维护保养规定、工装定期检查记录表、量检具调整与维护保养规定、量检具周期校准记录卡、检验作业指导书、检验记录表以及控制图等。

③ 对质量控制点所用的设备、工装进行事先评估、鉴定，并做好点检、维护保养工作。

④ 质量控制点的员工必须经过培训，考核合格后持证上岗。

⑤ 规定对质量控制点进行连续监控的方法和要求。按规定实施监控，并做好各类监控记录。

工序控制点明细见表12-1。

表12-1 工序控制点明细

产品名称： 设备：

序号	零件号及名称	工序号	控制点编号	控制点名称	技术要求	检测方式	检测工具	检验频次	质量特性分级			管理手段
									A	B	C	

三、认真贯彻操作规程

管理的本质,就在于忠实地执行规程,按规定进行操作。在"三定"(定人、定机、定工种)的基础上,实行"三按"(按标准、按图纸、按工艺)生产,严格工艺纪律,对违纪的责任者认真查处,把操作或这个"主导因素"加以控制,确保工序质量。

四、加强工艺纪律管理

加强工艺检查,促进技术水平的不断提高。工艺检查是工艺管理方面的必要补充,是衡量设计水平高低和车间执行情况的手段。通过工艺检查,发现问题,采取措施,及时解决,促进技术管理水平的提高。工艺检查必须按照工艺要求,每天对生产工艺进行测查,贯彻自查和抽查相结合的原则,严格工艺规律,对于不执行工艺和执行工艺差的车间及工人,除思想上进行教育,技术上进行帮助外,还必须采用必要的经济手段进行惩罚,提高工艺符合率,稳定生产,提高产品质量,促进技术水平的不断提高。以下为某企业进行工艺纪律整改措施表及评分标准,见表12-2~表12-4。

表12-2 工艺纪律检查整改措施

检查部门		检查日期		检查人员		编号	
存在问题:							
填写人:			责任部门主管:				
整改措施:							
责任部门编制:		审核:			日期:		
整改措施完成情况:							
责任部门主管:				日期:			
复查整改措施:							
复查人:				日期:			
此表由品质部签发下达。传递程序:品质部——各部门——品质部存档							

表 12-3 工艺纪律检查记录

检查部门：　　　　　检查日期：　　　　　检查工序：　　　　　检查人：

序号	检查项目	检查内容	检查记录	标准分	实得分
1	工艺文件和技术管理	按工艺文件汇总明细点检工序或各部门用工艺文件是否齐全			
		工艺文件、技术通知是否建立接收、发放台账，有编码、编号			
		相关部门文件是否按有关技术通知及时进行了更改、更改内容正确、手续齐全，符合规定要求			
		在用工艺文件和产品图纸是否完整、清晰、及时办理更换，并处于受控状态			
		工序中是否发现过期的产品图纸和工艺文件			
		图纸更改后，供应商是否收到最新图纸并回传确认，供应商回传确认资料保存是否齐全			
		模具更改通知的齐备			
2	工序质量管理	是否根据《生产、采购、检验指南》确定重要工序、特殊工序			
		重要工序、特殊工序工艺文件、工艺参数、质量记录是否齐全			
		作业指导书中质量要求、工艺参数、设备等内容是否齐全			
		生产现场在制品、半成品是否按定置管理的规定要求摆放整齐、有无磕碰、划伤和锈蚀现象			
		有工序控制点的部门，是否按要求进行控制，查控制记录，当质量特性发生变化时，是否即时分析，采取纠正措施			
		查现场是否按工艺文件或操作规范的要求进行操作			
3	产品标识管理	是否执行产品标识和可追溯性的管理规定			
		产品状态标识是否清晰、明确			
		区域标识满足文件规定要求			

续表

序号	检查项目	检查内容	检查记录	标准分	实得分
4	设备管理	设备的使用状态和精度等级是否满足工艺文件要求			
		是否有设备台账，账、标识卡、实物是否相同			
		设备使用状态是否良好、运行记录是否齐全、规范			
		在用设备和工位器具是否符合工艺文件规定要求			
5	计量器具管理	在用计量器具、测试仪器的量程、精度、品种是否符合工艺文件的要求			
		在用计量器具、测试仪器是否通过定期校准、有无合格证，运行记录是否规范、齐全			
		在用精密、复杂、专用的仪器、仪表及量具是否做到专人负责			
6	原始记录的管理	数据记录是否真实，字迹清楚、端正，填写内容完整			
		操作者、检查人员和其他有关部门人员填写的记录及核对、审查手续是否完善			
		原始记录的数据、内容不符合工艺文件规定时，是否已反馈、报告，质量问题是否得到妥善处理和解决			
		原始记录的保存完整，达到规定的保存期			
7	人员资格	特殊工种的操作人员是否经过培训，持证上岗			
		重要工序、特殊工作的操作人员是否熟知工艺文件规定的工艺参数			
8	原材料管理	入库、在用原材料是否经检验认定合格			
		存放时有标识分类，杜绝混料，做好防锈、防变工作			
		特裁或代用材料是否符合审批手续			

续表

序号	检查项目	检查内容	检查记录	标准分	实得分
9	日常工艺纪律管理	工艺纪律定期检查记录填写是否完整、清晰、真实			
		日常工艺纪律检查记录是否按规定进行			
		工艺纪律检查整改措施是否按期整改落实			

表12-4 日常工艺纪律检查

检查部门：　　　　　检查日期：　　　　　检查工序：　　　　　检查人：

序号	检查内容	结果
1	工艺文件、产品图纸是否齐全、清晰，无废止的工艺文件和产品图纸	
2	原材料、毛坯是否符合工艺规定，技术证件完整、齐全	
3	产品按规定做到防锈、防变、妥善摆放、无碰磕、划伤，符合定置管理规定要求	
4	按工艺文件和控制文件规定的工步、工艺参数和作业指导书内容操作	
5	按工艺流程和定点作业的规定组织生产，不进行突击而任意压缩工序时间，也无造成工艺流程倒置	
6	重要工序、特殊工序、工艺文件、质量记录齐全完整	
7	特殊工序工艺参数实施连续监控，查监控记录	
8	按规定填写原始记录，分析工序质量是否出现变动	
9	刀具、砂轮和工（量）具等按规定选用、刃磨、更换和使用	
10	建立废品隔离站和按隔离制度执行	
11	螺栓松紧件应加上螺栓紧固标志	
12	按规定做好设备维护保养并做好记录	
13	按规定做好设备运行记录，确保能正确使用	
14	特殊工种的工人按规定取得操作合格证，持证上岗	
15	产品标识、区域标识符合文件规定要求	
16	填写好质量记录	
17	重要工作、特殊工序是否实行三定（定人员、定设备、定工艺方法），保证产品质量稳定	

第十三章
1E——现场Environment（环境）管理

导 读

　　现场环境包括现场的温度、湿度、污染、噪声和安全等内容，管理的目的就是一方面要确保员工能够在生产现场愉快地工作；另一方面对于产品和设备而言也要符合具体要求。

学习目标

　　1.了解现场Environment（环境）管理的措施，如确保舒适的温度、湿度，改善工作地面，适当改进照明条件，巧妙地运用色彩，员工工位要保证符合人机工程学，开展5S活动打造靓丽的环境等的要求。
　　2.掌握现场Environment（环境）管理措施的操作步骤、方法和注意事项。

学习指引

序号	学习内容	时间安排	期望目标	未达目标的改善
1	确保舒适的温度、湿度			
2	改善工作地面			
3	适当改进照明条件			
4	巧妙地运用色彩			
5	员工工位要保证符合人机工程学			
6	开展5S活动打造靓丽的环境			

一、确保舒适的温度、湿度

空气的温度和湿度是热环境的两个主要因素,它们之间不仅可以互换,而且密切相关。温度、湿度对生产作业有较大影响,因此要进行温度、湿度设计。

(一)温度、湿度对现场的影响

1.温度、湿度与工作效率

人们生活最适宜的环境温度是15～20摄氏度,相对湿度在70%以下。轻体力劳动最佳温度是15～18摄氏度;重体力劳动的最佳温度是7～17摄氏度;脑力劳动的最佳温度是10～17摄氏度。在最适宜的温度下工作,工作效率最高,升高和降低温度,工作效率都会降低。最佳适宜温度,在风速适中的情况下,温度可以略微提高。人们在气温为20摄氏度左右、相对湿度为65%的环境中感到舒适。对人体健康最适宜的温度是18摄氏度,而工作效率最高的温度是15～18摄氏度。对人体最适宜的相对湿度为30%～60%。气温高于27摄氏度会使人烦躁不安,精神疲惫,思维迟钝。气温高于34摄氏度,相对湿度超过56%,在没有风的情况下,人会很容易出现中暑。

2.温度、温度对产品的影响

有些企业的产品受温度、湿度的影响很大,必须将温度、湿度控制在一定的范围之内,否则,就有可能生产出不合格的产品。

(二)生产现场温度、湿度的测定

测定空气温度、湿度通常使用干湿球温度表(图13-1)。

在车间外设置干湿表,为避免阳光、雨水、灰尘的侵袭,应将干湿表放在百叶箱内。百叶箱中温度表的球部离地面高度为2米,百叶箱的门应朝北安放,以防观察时受阳光直接照射。箱内应保持清洁,不放杂物,以免造成空气不流通。

在车间内,干湿表应安置在空气流通、不受阳光照射的地方,不要挂在墙上,挂置高度与人眼平,约1.5米。每日必须定时对库内的温度、湿度进行观测记录,一般在上午8～10时,下午2～4时各观测一次(表13-1和表13-2)。

图13-1　干湿球温湿度计

表 13-1　车间温湿度记录（一）

年　　月　　日

适宜温度范围：　～　摄氏度						适宜相对湿度范围：　％～75％				
日期	上午（8:00—10:00）					下午（2:00—4:00）				
	温度/摄氏度	相对湿度/%	如超标：～：采取何种养护措施	采取措施后		温度/摄氏度	相对湿度/%	如超标：～：采取何种养护措施	采取措施后	
				温度/摄氏度	相对湿度/%				温度/摄氏度	相对湿度/%
月平均温度		月最高温度		月最低温度			月最高相对温度		月最低相对温度	

表 13-2　车间温湿度记录（二）

测试位置：×××车间　　　年　　月

记录时间	8:20～8:50		09:20～09:50		17:00～17:30		记录人签字	确认人签字
日期	温度/摄氏度	相对湿度/%	温度/摄氏度	相对湿度/%	温度/摄氏度	相对湿度/%		

注：1.合格标准：温度（23±5）摄氏度，相对湿度≤50％。

2.正常温湿度条件半成品放置时限：4小时。半成品存放方式：未使用的半成品必须放在干燥箱内或50～70摄氏度烤箱内保存。

3.异常处理

（1）如50％≤相对湿度≤60％，半成品必须在1小时内制作成成品，在规定时间内未完成的半成品必须重新放入85摄氏度烤箱烘烤1小时后再使用，且要求在1小时内制作成成品。

（2）如相对湿度＞60％，则停止生产。

4.确认人签字规定：确认人要求每天对温湿度记录表确认一次。

（三）控制和调节车间温度、湿度

为了维护车间生产产品质量完好，创造适宜于生产调试的环境，当车间温度、湿度适宜时，就要设法防止车间外气候对内的不利影响；当车间内温度、湿度不适宜生产调试时，就要及时采取有效措施调节车间内的温度、湿度。实践证明，采用密封、通风与吸潮相结合的办法，是控制和调节车间内温度、湿度行之有效的办法。

1. 密封

密封，就是把产品尽可能严密封闭起来，减少外界不良气候条件的影响，以达到安全保管的目的。

采用密封方法，要和通风、吸潮结合运用，如运用得当，可以得到防潮、防霉、防热、防融化、防干裂、防冻、防锈蚀、防虫等多方面的效果。

密封保管应注意的事项如下：

① 在密封前要检查产品质量、温度和含水量是否正常，如发现生霉、生虫、发热、水淞等现象则不能进行密封。发现产品含水量超过安全范围或包装材料过潮，也不宜密封。

② 要根据产品的性能和气候情况来决定密封的时间。怕潮、怕融化、怕霉的产品，应选择在相对湿度较低的时节进行密封。

③ 用于保暖的密封材料有塑料薄膜、防潮纸、油毡、芦席等，这些密封材料必须干燥清洁，无异味。

④ 密封常用的方法有整库密封、小室密封、按垛密封以及按货架、按件密封等。

用油毡来密封如图13-2所示。

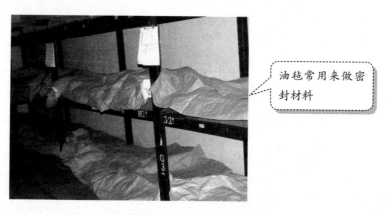

图13-2　用油毡来密封

2. 通风

通风是利用车间内外空气温度不同而形成的气压差，使车间内外空气形成对流，来达到调节库内温度、湿度的目的。当车间内外温度差距越大时,空气流动就越快;若库外有风,借风的压力更能加速车间内外空气的对流。但风力也不能过大(风力超过5级,灰尘较多)。正确地进行通风,不仅可以调节与改善车间内的温度、湿度,还能及时散发产品及包装物的多余水分。按通风的目的不同,可分为利用通风降温(或增温)和利用通风散两种。

3. 吸潮

在梅雨季节或阴雨天,当车间内湿度过高,不适宜产品保管,而车间外湿度也过大,不宜进行通风散潮时,可以在密封库内用吸潮的办法降低库内湿度。

随着市场经济的不断发展,现代工厂车间普遍使用机械吸潮方法。即使用吸湿机把车间内的湿空气通过抽风机,吸入吸湿机冷却器内,使它凝结为水而排出。

吸湿机一般适宜于储存棉布、针棉织品、贵重百货、医药、仪器、电工器材和烟糖类的仓间吸湿。

二、改善工作地面

工作地面是指作业场所的地面,其要求如下。

① 车间各部分工作地面(包括通道)必须平整,并经常保持整洁。地面必须坚固,能承受规定的荷重。

② 工作附近的地面上,不允许存放与生产无关的障碍物,不允许有黄油、油液和水存在。经常有液体的地面,不应渗水,并设置排泄系统。

③ 机械基础应有液体储存器,以收集由管路泄漏的液体。储存器可以专门制作,也可以与基础底部连成一体,形成坑或槽。储存器底部应有一定坡度,以便排除废液。

④ 车间工作地面必须防滑。机械基础或地坑的盖板,必须是花纹钢板,或在平地板上焊以防滑筋。

地面一定要确保平整如图13-3所示。

图13-3 地面一定要确保平整

三、适当改进照明条件

注意以下各项，确定明亮度。

① 根据作业要求确定适当的照度。
② 一般作业灯光晃眼。
③ 光源不动摇。
④ 对作业表面和作业面的明亮度不要有很大的差别。
⑤ 对光亮的颜色要适合作业的性质。

车间的照明如图13-4所示。

图13-4　车间的照明

（光线柔和，在作业者上方，不晃眼）

四、巧妙地运用色彩

颜色对于人的心理因素影响颇大，利用假日时间到郊外做休闲活动，借助青山绿水可以舒展身心；在办公室摆上绿色植物，可以使员工在疲累时获得舒缓。因此，有效利用颜色对人所产生的心理影响来做工作现场所的布置，不仅能提升人员的工作质量，而且还可以使员工获得身心上的调剂。一些小方法罗列如下。

（一）工作场所的墙壁尽可能采用较柔和的色彩

据调查，长时间在色彩灰暗作业环境下劳动，就容易使人感到心情紧张，产生郁闷、恐惧之感。思想烦躁、视觉疲劳、生理上消耗的识别物体能量增大也容易引起作业动作变形，影响劳动效率提高，同时也增加了潜在事故发生的可能性。墙壁采用较柔和的色彩，例如浅黄色、浅蓝色，可以缓解工作压力。

（二）多用绿色

在工作场所内摆设一些花盆，以绿色植物为主，工作区域的走道涂上绿色（图13-5）。因为绿色是森林的主调，富有生机，可以使人想到新生、青春、健康和永恒。

它有助于消化和镇静,促进身体平衡,这对克服疲劳和消极情绪、舒缓员工身心有一定的作用。

> 绿色植物会给人带来轻松的感觉,有助于消除疲劳

图13-5　办公室可以放置一些绿色植物

五、员工工位要保证符合人机工程学

人机工程学是研究"人-环境"系统中人、机、环境三大要素之间的关系,为解决系统中人的效能、健康问题提供理论与方法的科学。人机工程学研究在设计人机系统时如何考虑人的特性和能力,以及人受机器、作业和环境条件的限制。

设计人机系统时,要把人和机器作为一个整体来考虑,合理地或最优地分配人和机器的功能,保证系统在环境变动下达到要求的目标。在生产现场的具体要求如下。

① 工位结构和各部分组成应符合人机工程学、生理学的要求和工作特点(图13-6)。

② 工厂应使操作人员舒适地坐或立,或坐立交替在机械设备旁进行操作,但不允许剪切机操作者坐着工作。

③ 坐着工作时,一般应符合以下要求。

a.工作座椅结构必须牢固,坐下时双脚能着地,座椅的高度为400~430毫米,高度可调并具有止动装置。

b.机械工作台下面应有放脚空间,其高度不小于600毫米,深度不小于400毫米,宽度不小于500毫米。

c.机械的操纵按钮离地高度应为700~1 100毫米,如操作者位置离工作台边缘只有300毫米时,按钮高度可为500毫米。

d.工作面的高度应为700~750毫米,

> 操作人员坐着时双脚有伸缩的地方

图13-6　工位要保证符合人机工程学

当工作面高度超过这一数值而又不可调时,应垫以脚踏板。脚踏板应能沿高度调整,其宽度不应小于300毫米,长度不应小于400毫米,表面应能防滑,前缘应有高10毫米的挡板。

④ 站立工作时,应符合以下要求。

a.机械的操纵按钮离地高度为800～1500毫米,距离操作者的位置最远为600毫米。

b.为便于操作者尽可能靠近工作台,机械下部应有一个深度不小于150毫米,高度为150毫米,宽度不小于530毫米的放脚空间。

c.工作面高度应为930～980毫米。

站位符合人机工程学如图13-7所示。

> 员工站着工作时一定要考虑其工作面的高度符合人机工程学

图13-7 站位符合人机工程学

六、开展5S活动打造靓丽的环境

5S是企业洁净亮丽、整齐舒适、安全高效的法宝。5S,是指对生产现场各生产要素(主要是物的要素)所处状态不断进行整理、整顿、清洁、清扫和提高素养的活动。由于整理(Seiri)、整顿(Seiton)、清扫(Seiso)、清洁(Seiketsu)和素养(Shitsuke)这五个词的第一个字母都是"S",所以简称5S,如图13-8所示。

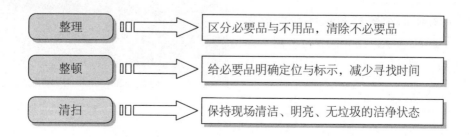

整理	⇒	区分必要品与不用品,清除不必要品
整顿	⇒	给必要品明确定位与标示,减少寻找时间
清扫	⇒	保持现场清洁、明亮、无垃圾的洁净状态

图13-8　5S的定义

（一）整理（SEIRI）

所谓整理，就是将混乱的状态收拾成井然有序的状态。也就是说，首先判断哪些是不必要的东西，再将这些不必要的东西丢掉。因此，工厂的整理就是：

① 首先，区分哪些是必要的东西，哪些是不必要的东西；
② 抛弃不必要的东西；
③ 将必要的东西收拾得井然有序。

（二）整顿（SEITON）

所谓整顿，就是整理散乱的东西，使其处于整齐的状态。目的是在必要的时候能迅速取到必要的东西。整顿比整理更深入一步，其表示为：

① 能迅速取出；
② 能立即使用；
③ 处于能节约的状态。

（三）清扫（SEISO）

所谓清扫，就是清除垃圾、污物、异物等，把工作场所打扫得干干净净，工厂推行5S活动时，清扫的对象是：

① 地板、天花板、墙壁、工具架、橱柜等；
② 机器、工具、测量用具等。

（四）清洁（SEIKETSU）

所谓清洁，就是保持工作场所没有污物、非常干净的状态，即一直保持清洁后的状态。通过一次又一次的清扫，使地板和机器都保持干干净净，让人看了之后眼前一亮。

（五）素养（SHITSUKE）

所谓素养，就是在仪表和礼仪两方面做得好，严格遵守企业推行的5S活动规定，并做到养成良好的5S活动的习惯。

素养是"5S"活动核心,没有人员素质的提高,各项活动就不能顺利开展,就是开展了也坚持不了。

关于5S活动的推行与执行要领,请参考本系列丛书中的《5S运作与改善活动指南(实战图解版)》一书。

现场5S活动宣传标语如图13-9所示。

某企业生产现场开展5S活动,号召每个人行动起来保持清爽环境

图13-9 现场5S活动宣传标语